Sabine Dittrich

Im Schatten der Verschwörung

Für Markus – den Getreuen meines Herzens

Sabine Dittrich

Im Schatten der Verschwörung

Liebe und Verrat in Zeiten der Reformation

HISTORISCHER ROMAN

NEUFELD VERLAG

MIX
Papier aus verantwortungsvollen Quellen
FSC® C083411

Dieses Buch ist auch als E-Book erhältlich:
ISBN 978-3-86256-764-5

Die Deutsche Bibliothek verzeichnet diese Publikation in der Deutschen Nationalbibliografie; detaillierte bibliografische Daten sind im Internet über www.d-nb.de abrufbar

Lektorat: Dr. Thomas Baumann
Umschlaggestaltung: spoon design, Olaf Johannson
Umschlagbilder/Ranke im Text: Jörg Hackmann, oksana2010, Marzolino/ShutterStock.com®
Satz: Neufeld Verlag
Herstellung: CPI – Clausen & Bosse, Leck

ISBN 978-3-86256-062-2, Bestell-Nummer 590 062

www.neufeld-verlag.de / www.neufeld-verlag.ch

Bleiben Sie auf dem Laufenden:
newsletter.neufeld-verlag.de
www.**facebook**.com/NeufeldVerlag
www.neufeld-verlag.de/**blog**

NEUFELD VERLAG

Prolog

Erfurt. Ende September 1525

Die Augen des kleinen Jungen waren blau. Blau wie die Farbe, die der Regensburger Tuchmacher Peter Kerner gerade bei einem Waidhändler hier in Erfurt gekauft hatte. Es war das besondere Blau und die Tiefe des Blickes, mit dem ihn der kleine Junge unverwandt musterte: Diesen Moment behielt Peter Kerner immer im Gedächtnis, denn er sollte sein ganzes Leben verändern.

Das Kind war etwas mehr als ein Jahr alt und hielt sich an der Sitzfläche eines Stuhles fest.

»Na, kleiner Junker«, brummte Peter freundlich, »dich hab ich hier ja noch nie gesehen.«

Der kleine blondlockige Kerl strahlte über das ganze Gesicht und kam langsam näher, bis er sich an den Knien des Regensburger Tuchmachers festhalten konnte.

»Mias, lass die Leut' in Frieden!«, schimpfte die Schankmagd und hob den widerstrebenden Jungen auf den Arm. »Verzeiht, Herr, er ist mir aus der Küche entwischt.«

»Ist das dein Kind?«

»Nein, er gehört zu einer Witwe, die bei uns Quartier macht.«

»Lass ihn ruhig bei mir, er stört mich nicht. Bring mir etwas zu essen, sei so gut. Und noch einen Krug Dünnbier.«

Achselzuckend stellte die Magd Mias wieder auf den Boden und schlurfte auf ihren Holzpantinen davon. Kerner nahm ihn hoch und setzte ihn auf seine Beine. »Nun reiten wir auf dem Pferd. Hopp, hopp, hopp. Hüh Pferd und hott.« Er ließ Mias auf seinen Knien wippen. Der Junge legte den Kopf in den Nacken, riss die Arme hoch und jauchzte vor Vergnügen. Er konnte ja nicht wissen, wie sehr sich Tuchmacher Peter Kerner und seine Frau Agnes nach so einem kleinen Menschenkind sehnten, das man auf den Knien hüpfen lassen konnte. Vier Jahre waren Peter und Agnes nun schon verheiratet und noch immer ohne Kinder.

Mias erinnerte sich später nicht mehr an diese erste Begegnung mit Tuchmacher Peter Kerner, aber sie sollte auch sein Schicksal bestimmen.

Die Schankmagd tischte Braten und Bier auf, nahm Mias von Kerners Knien und zog ihn an der Hand fort in die Küche.

Später setzte sich die Wirtin zu dem Tuchmacher an den Tisch. Sie kannten sich. Kerner machte immer in diesem Gasthof Station, wenn er in Erfurt Handel hatte.

»Der arme Junge«, seufzte sie kopfschüttelnd. »Bald wird er ganz allein auf der Welt sein.«

»Wie das?«, wollte Kerner wissen.

»Erst der Vater aus dem Leben gegangen, jetzt liegt die Mutter mit Fieber. Gestern hat sie ein Kind tot geboren. Sie wird es wohl nicht überleben.«

»Kann man etwas tun, braucht's Geld für einen Arzt?«

»Ach Meister Kerner, Ihr seid ein guter Mensch. Der Medikus war schon da, er hat auch keine Hoffnung mehr. Sie hat zu viel Blut verloren.«

»Und es gibt keine Verwandten, die das Kind aufnehmen würden?«

»Nein, ganz sicher nicht.«

»Kann ich mit der Mutter sprechen?«

Erstaunt riss die Wirtin die Augen auf. »Meister Kerner, ich weiß nicht, ob das geht. Vielleicht hört sie gar nichts mehr in ihrem Fieberwahn.«

Kerner stand auf. »Bitte, bringt mich zu ihr, ich hab etwas mit ihr zu bereden.«

Die Wirtin ging erst zögernd voran, blieb dann stehen und drehte sich um. »Meister Kerner, bitte, Ihr wisst ja nicht, wen Ihr da vor Euch habt. Nicht, dass Ihr es bereut ...«

»Nur zu, Frau Wirtin. Das werden wir schon sehen.«

Die Frau auf dem Lager wirkte so unendlich zerbrechlich. Ihr bleiches von nussbraunem Haar umrahmtes Gesicht war tief ins Kissen gesunken. Als Kerner herantrat, öffnete sie erschrocken die Augen. Ein unendlich trauriger Blick, ein wenig fiebrig, aber nicht wirr.

Sie bewegte die Lippen, doch es kamen keine Töne heraus. Sie schien sehr schwach.

»Ihr wisst, wie es steht?«, fragte Kerner leise.

Die Frau nickte. »Ich gehe bald heim zu meinem Heiland«, flüsterte sie.

»Und Ihr Söhnchen? Die Wirtin sagt, kein Verwandter will ihn zu sich nehmen?« »Jeremias.« Ein Schluchzen. Tränen rollten über ihre bleichen Wangen.

»Ich bin Peter Kerner, Tuchmacher zu Regensburg. Mein Weib Agnes und ich sind nach vier Jahren Ehestand immer noch ohne Kinder. Ich könnte Mias mit nach Regensburg nehmen. Er würde als mein Ziehsohn aufwachsen. Er hätte es gut bei uns. Was meint Ihr?«

Die Frau winkte Kerner näher zu sich. Er musste sein Ohr nahe über ihren Mund halten, um zu hören, was sie ihm zu sagen hatte. Nun verstand er, warum hier in Erfurt keine Familie, nicht einmal die Barmherzigen Schwestern, Mias zu sich nehmen würde. Und auch in Regensburg dürfte er die wahre Herkunft des Jungen niemals preisgeben.

Kerner rief nach der Wirtin und bat sie, Mias mitzubringen. Der Junge hüpfte fröhlich auf den Tuchmacher zu, umklammerte seine Knie und rief »Hopp, hopp!«. Über das Gesicht der Mutter lief ein leises Lächeln. Sie nickte zustimmend, als Kerner der Wirtin von dem Plan erzählte, Mias mit nach Regensburg zu nehmen. Noch einmal flüsterte die Todkranke Peter Kerner etwas ins Ohr. Der Tuchmacher nahm ihre Hand und drückte sie vorsichtig. »Das schwör' ich Euch bei meiner Ehr'.«

Am nächsten Morgen stand Kerners Fuhrwerk vor dem Gasthof. Die Wirtin reichte ihm Mias nach oben auf den Kutschbock. Außerdem gab sie ihm noch ein kleines in einen Stoffsack gewickeltes Bündel.

»Sie ist ganz ruhig eingeschlafen, die Mutter. Meister Kerner, Ihr seid ein guter Mensch. Der Herrgott wird's Euch vergelten.« Sie schnäuzte sich in ihre Schürze. Mias Augen hatten alles Leuchten verloren. »Mutsch!«, schluchzte er immer wieder. »Mutsch!« Kerner drückte ihn unbeholfen an sich. Wie ging man mit einem Kind um, das so viel Schlimmes erlebt hatte? Wie ging man überhaupt mit einem kleinen Kind um? Das mussten Agnes und er nun schnell lernen.

Regensburg. Im Juli 1545

Katharina Kerner drehte sich tanzend im Kreis, blickte in den Spiegel und zupfte am Spitzenausschnitt ihres neuen Kleides.

»Dieses helle Blau schmeichelt mir, nicht wahr, Susanna? Nur gut, dass Mutter nicht auf das altmodische dunkelblaue Gewand bestanden hat.«

Susanna, Katharinas fast gleichaltrige Base, lachte. »Da werden dem Veit die Augen übergehen. Dann vergisst er wieder, was er zu dir sagen wollte, und stottert mit knallrotem Kopf herum. Das wird ein Spaß.«

Katharina verdrehte die Augen. »Der Veit, der Veit. Ich weiß schon, dass Vater mich am liebsten mit ihm verlobt sehen würde.« Katharina half nun Susanna, ihr Festkleid anzuziehen.

»Er ist doch ein ehrenwerter Mann, gefällt er dir denn gar nicht?«, wollte Susanna wissen. Katharina überlegte. »Was soll ich sagen? Er ist sicher ein guter, fleißiger Tuchmacher und wird einen treu sorgenden Ehemann abgeben. Aber …«, Katharina schüttelte nachdenklich den Kopf.

»Du meinst: Du bist ihm nicht zugetan?«, versuchte Susanna ihrer Base auf die Sprünge zu helfen.

»Mir gefällt vielleicht ein anderer besser.« Jetzt war es heraus.

»Ach bitte, verrat mir doch, wer es ist«, bettelte Susanna.

»Besser nicht. Ich weiß ja noch gar nicht, ob ich ihm auch gefalle. Und selbst wenn: Ich glaube nicht, dass wir zusammenkommen können«, seufzte Katharina. Aus dem Spiegel blickten nun zwei junge, festlich herausgeputzte Frauen heraus. Katharina, schlank und groß, mit blondem, hochgesteckten Haar und die etwas kleinere, rundliche Susanna, deren dunkelgrünes Gewand ihre schiefergrauen Augen vorteilhaft betonte.

Nun könnte man meinen, dass Susannas Neugierde erst recht angestachelt sein müsste, wer denn der Galan sein könnte, der ihrer Base besser gefiel als Veit Gesslein, die begehrteste Partie in der Regensburger Tuchmacherzunft. Doch durch Katharinas Geständnis taten sich in Susannas Gedanken ganz neue Möglichkeiten auf. Ja, Veit war zwar ganz offensichtlich von Katharina bezaubert, aber wenn er erst einen Korb von ihr bekommen hatte, rückte ihre, Susannas, Chance näher. Veit Gesslein zum Ehemann zu gewinnen, war ein lockendes Ziel. Sie musste planvoll vorgehen, gleich heute an diesem Festmahl, zu dem ihr Oheim, der Zunftmeister der Regensburger Tuchmacher, geladen hatte. Denn die Konkurrenz um Veit Gessleins Gunst war groß.

Im Saal der Tuchmacherzunft drängten sich die stadtbekannten Mitglieder mit ihren Familien. Peter Kerner ergriff das Wort.

»Hochgeehrte Gäste, seid von Herzen willkommen. Heute gibt es zwei Gründe, ein Festmahl zu halten. Zum ersten gilt es einen neuen Meister in unserer Zunft willkommen zu heißen. Zum zweiten: Mein Sohn Matthias ist wieder heimgekehrt. Nun steht er nicht mehr vor uns im Studentengewand, sondern als Bakkalaureus der Freien Künste.«

Die Blicke der Gäste wanderten neugierig nach links, wohin Meister Kerner gewiesen hatte.

Matthias Kerner hatte sich von einem unscheinbaren blassen Jungen zu einem Mann entwickelt. Aschblondes welliges Haar, ein Bärtchen auf Oberlippe und Kinn und Augen von einem durchdringenden Blau, wie sie niemand sonst in der

Familie Kerner hatte. Klein und schmal war er zwar – jedenfalls im Vergleich zu seinem unbekannten Begleiter –, aber das tat seinem erfreulichen Anblick keinen Abbruch. Katharina Kerner stellte sich auf die Zehenspitzen, um besser sehen zu können. Ihr Blick galt jedoch nicht ihrem heimgekehrten Bruder Matthias, sondern dem jungen Mann daneben. Gestern hatte dieser ihr galant die Hand geküsst. Michel de Cormont, ein Freund ihres Bruders, aus dem fernen Frankreich. Groß, dunkelhaarig, feuriger Blick, vollendete Ritterlichkeit. So sah der Gemahl ihrer Träume aus.

Matthias freute sich, seine Familie und Freunde nach so langer Zeit wieder zu sehen. Drei Jahre hatte er an der berühmten Heidelberger Universität studiert.

Kathrinchen und Susanna waren von staksenden Füllen zu wohlansehnlichen jungen Frauen gereift. Seine Eltern hatten sich nicht so sehr verändert, nur Mutters Gesicht war von feinen Fältchen durchzogen und Vaters Haar zeigte erste graue Strähnen.

Nach der Ansprache bildeten sich kleine, munter schwatzende Grüppchen. Matthias zog Michel heimlich am Ärmel und ging auf die Runde zu, die sich um Katharina und Susanna gebildet hatte. Veit Gesslein gab gerade eine Anekdote zum Besten. Alle lachten laut, nur Katharina nicht. Sie hatte ein unverbindliches Lächeln aufgesetzt und Veit gar nicht zugehört. Ihre ganze Aufmerksamkeit galt Michel de Cormont. Veit starrte Katharina erwartungsvoll an – eine peinliche Stille entstand.

»Ach, Veit, Ihr wisst so drollige Geschichten«, schob sich Susanna beherzt vor Katharina, hängte sich bei Veit ein und zog ihn ein Stück weiter, »kommt, erzählt uns noch mal, wie das mit dem Lehrbuben war, der in das Farbbecken gefallen ist.« Ein wenig irritiert, aber dennoch geschmeichelt von Susannas Interesse, erzählte Veit mit hochrotem Gesicht weiter.

»Mein Schwesterlein verdreht den Regensburger Mannsbildern den Kopf. Daran war noch nicht zu denken, als ich vor drei Jahren nach Heidelberg gezogen bin«, neckte Matthias seine Schwester liebevoll.

»Ich bin so froh, dass du wieder da bist, Mias, jetzt kannst du diesen balzenden Gockeln Bescheid stoßen. Von mir wollen sie es ja nicht annehmen.«

Matthias lachte. »Was sagst du dazu, Michel, andere junge Frauen wären hoch erfreut über viele Verehrer, nur mein Kathrinchen hat, wie immer, ihren eigenen Kopf.«

»Vielleicht muss nur der Richtige kommen und Catherine ändert ihre Meinung«, lächelte Michel und zwinkerte der jungen Frau verstohlen zu. Wie er »Catherine« gesagt hatte! So melodiös und zart.

Mias klopfte seinem Freund auf den Rücken und fragte: »Peut-être un chevalier d'Amiens?«[1] Die beiden Freunde lachten.

Nun begann das Festmahl, danach vergnügte man sich beim Tanz. Katharinas Hand bebte, als Michel sie beim Reigen fest und zärtlich fasste.

Veit Gesslein wunderte sich, dass ihm Katharinas Base vorher noch nie aufgefallen war. Susanna war zwar nicht von blendender Schönheit, aber ihr lustiges freundliches Wesen hatte ihn im Sturm erobert. Außerdem schien sie handfest und tüchtig. Auch war sie aus gutem Hause – genau wie die Ehefrau eines einflussreichen Tuchmachermeisters sein sollte.

In all dem fröhlichen Trubel merkte niemand, dass Agnes und Peter Kerner sich immer wieder ernst und wissend anblickten. Eine unsichtbare Last schien auf ihren Schultern zu liegen.

---

1 »Vielleicht ein Ritter aus Amiens?«

Matthias Kerner wusste nicht, dass er sich in dieser Nacht das letzte Mal vergnügt zu Bett legte als die Person, die er zu sein glaubte.

Am nächsten Tag nach dem Mittagsmahl hatten Matthias' Eltern nach ihm schicken lassen. Sie wollten ihn sprechen. Als er in die Wohnstube trat, blickte er sich wehmütig um. Hier schien die Zeit seit seiner Kindheit still zu stehen. Wie hatte er es geliebt, mit seinen Schreibübungen hier an diesem rohen Holztisch zu sitzen, während Mutter am Fenster in eine Stickerei versunken war und Katharina mit ihren Puppen spielte. Mutter sah gerade aus dem kleinen Fenster. Unten im Garten spazierte Katharina an Michels Arm, tief ins Gespräch versunken. »Dein Freund Michel de Cormont scheint mir ein aufrechter Mann zu sein?«

»Ja, Mutter, ich habe in ihm einen wahren Freund – ja fast einen Bruder – gefunden. Michel stammt aus einer angesehenen Familie. Sein Vater leitet die Bauhütte der großen Kathedrale von Amiens. Michel will sehen, ob er hier in der Regensburger Dombauhütte etwas dazulernen kann.«

»Ist seine Familie lutherisch eingestellt?«, wollte Vater Kerner wissen.

»Nein, die Cormonts sind rechtgläubige Leute.«

»Nun gut, Mias, Michel soll uns als dein Freund willkommen sein. Wir sehen, dass Katharina für ihn entflammt ist – er wird wohl kein böses Spiel mit ihr treiben?«

»Seid unbesorgt, Michel ist ein Ehrenmann. Er ist vermögend und jederzeit in der Lage, eine Familie zu gründen.«

Peter Kerner lachte leise. »Dachte ich mir schon, dass der Veit Gesslein vergeblich hoffte. Mir scheint jedoch, gestern hat er die Kelheimer Wollweberzunft entdeckt. Da wird wohl bald ein Freier bei meinem Bruder um Susanna anhalten.«

Alle drei lachten. Dann war Stille im Raum. Seine Eltern blickten sich an. Agnes nickte ihrem Gemahl ernst zu.

»Mias, ich habe vor vielen Jahren einen Schwur getan. Mutter und ich haben lange nachgedacht, wann die rechte Zeit ist, ihn einzulösen. Du bist nun ein Mann und bereit dafür. Du weißt, dass Mutter dich nicht geboren und ich dich nicht gezeugt habe. Trotzdem bist du unser Sohn, und wir lieben dich, als wären wir deine leiblichen Eltern.«

Peter Kerner, dem sonst nie die Sprache abhanden kam, sei es in Verhandlungen oder als Schlichter bei Zunftstreitigkeiten, rang sichtlich nach den richtigen Worten. Er stand auf, öffnete die schwere Holztür, blickte auf den Gang und überzeugte sich, dass dort niemand lauschen konnte. Dann setzte er sich wieder gegenüber von Mias an den Tisch, beugte sich vor und sprach leise weiter.

»Es stimmt auch, dass ich dich als heimatlosen Waisen von einer Reise mitgebracht habe.

Eine Sache haben wir dir aber verschwiegen: Wir wissen nämlich doch, wer deine Eltern waren. Ich habe deiner leiblichen Mutter am Sterbebett geschworen, es dir zu eröffnen, wenn die Zeit dafür reif ist. Du sollst erfahren, dass sie dich von Herzen lieb hatte und nicht alles wahr ist, was man über sie erzählt. Als ich dir im Gasthaus ›Weiße Lilie‹ in Erfurt das erste Mal begegnete, nannten sie dich ›Mias‹. Dein voller Name war ›Jeremias Müntzer‹.«

Alle Farbe wich aus Mias' Antlitz, fassungslos blickte er zwischen den Eltern hin und her.

»Der … der Satan von Allstedt, der Bauernschlächter … mein – Vater?«

»Behalt es für dich, Mias, niemand darf es wissen. Schon damals wollten die Fürsten dich lieber tot sehen. Deshalb haben wir dich hier in Regensburg nochmals auf den Namen

›Jeremias Matthias Kerner‹ taufen lassen. So gab es keine Spur zurück.«

»Mein lieber, lieber Bub.« Agnes fasste seine Hände. »Wir haben gerungen, den Schwur nicht einzulösen, und dir die Wahrheit zu ersparen. Doch das Gewissen erlaubt es uns nicht.«

Peter Kerner erzählte nun die ganze Geschichte, wie er Mias in der Schänke getroffen, ihn mit Einverständnis Ottilie Müntzers mitgenommen und in Regensburg als Findelkind ausgegeben hatte. Der Pfarrer hatte vorgeschlagen, Mias sicherheitshalber zu taufen, denn man konnte bei einem Balg aus den ketzerischen Gebieten ja nie wissen, ob er das Sakrament in ordentlicher Weise erhalten hatte.

Mias standen Tränen in den Augen. »Aber was soll ich nun mit der Wahrheit anfangen? Was für eine Bürde, einen Ketzer und tausendfachen Mörder als Erzeuger zu haben!«

Peter Kerner räusperte sich. »Sohn, was dich deine Professoren in Heidelberg gelehrt haben über die Reformatoren zu Wittenberg und Thomas Müntzer, ist einzig deren Blick auf die Welt. Ich bin zwar nur Tuchmacher, aber viel herumgekommen. Ich rate dir, nicht gleich alles zu glauben, was geredet wird. Schau lieber selber hin, höre verschiedenen Menschen zu und sinne darüber nach, bevor du etwas für wahr hältst.

In zwei Wochen breche ich zu einer Reise nach Erfurt auf. Wir brauchen Waid. Willst du mich nicht begleiten? Es wäre sowieso an der Zeit, als mein Erbe in der Tuchmacherei den Waidhandel kennenzulernen. Die Reise ins Thüringische wird deinen Blick weiten.«

Mias schaute schweigend vor sich auf die Tischplatte. Dann hob er entschlossen den Kopf. »Ja, Vater, ich begleite Euch. Ich danke Euch für Eure Offenheit und dafür, dass Ihr den Mut hattet, mich als Euer eigen Kind aufzunehmen.«

»Ach Mias, du hast uns so viel Freude in dieses Haus gebracht. Uns war nur bang vor der Stunde, da wir dir dies sagen mussten«, seufzte Agnes.

Den restlichen Tag verbrachte Mias alleine mit einem langen Streifzug zu Pferd.

Bei einer einsamen Stelle am Donauufer band er den Schimmel an einen Baum und ließ ihn grasen. Mias setzte sich auf einen Felsen am Wasser. Die beiden Schwarzerlen daneben boten ein wenig Schatten in der Sommerhitze.

Das Gespräch mit den Eltern ging ihm immer wieder durch den Kopf. Was wusste er eigentlich über die Menschen, die ihn in die Welt gesetzt hatten – Thomas und Ottilie Müntzer? Seit Martin Luther 1517 die 95 Thesen gegen den Ablasshandel an verschiedene Landesherren geschickt hatte, war die Welt der Kirche in den deutschen Fürstentümern gehörig durcheinander gekommen. Luther behauptete, man würde nur durch Glauben vor Gott gerechtfertigt. Gute Werke und Traditionen der Kirche könnten einen nicht vor Hölle und Fegefeuer bewahren. Die römisch-katholische Kirche war anderer Ansicht. Hierüber war ein heftiger Streit entbrannt, der die Menschen schließlich in zwei Lager teilte. Müntzer war zuerst ein Anhänger Luthers, hatte sich danach aber von dessen Lehre abgewandt. Warum, das wusste Mias nicht. Er hatte nur gehört, dass Müntzer alle Obrigkeit ausrotten wollte und sich an die Spitze des Bauernheeres in Thüringen gestellt hatte. Seine ketzerischen Predigten hätten die Bauern in den sicheren Tod getrieben. Die letzte Schlacht ging verloren, Müntzer und andere Anführer bekamen ihre gerechte Strafe für den Aufruhr. Luther hatte ihn einen »Erzteufel« genannt, den »Satan von Allstedt« und »aufrührerischen Rottengeist«. Der Bauernaufstand war heute lange vorbei, aber die Auseinandersetzungen zwischen den

Anhängern Luthers und den Verfechtern des römisch-katholischen Glaubens schwelten immer noch.

Das war alles, was Mias wusste. Es war nicht viel, aber doch genug, um sein Inneres in große Unruhe zu versetzen. Gut, dass niemand außer seinen Eltern die Wahrheit über seine Herkunft kannte.

Bis zum Nachtmahl hatte er sich äußerlich wieder gefasst, nur das Blau seiner Augen schien matter als sonst. Gut, dass Katharina mit ihrem fröhlichen Geplauder die Runde am Tisch unterhielt, so dass seine Schweigsamkeit nicht auffiel.

Später saß er mit Michel in seiner Kammer.

»Was betrübt dich, mein Freund?«

Michel hatte er nicht täuschen können. Wie sollte er ihm darauf antworten? Mias öffnete eine Truhe und holte ein kleines Ledersäckchen und ein Bündel Schriften heraus. Das hatten ihm seine Eltern am Nachmittag übergeben. Es war die dürftige Habe Ottilie Müntzers.

»Michel, lies diesen Brief; dann sag mir: Was ist das für ein Mensch, der solche Worte schreibt?«

Michel nahm das Papier an sich, rückte nahe zum Kerzenleuchter und las laut.

> Mein liebes Weib, dies schreib ich dir aus großer Gefahr. Verloren ist alles, dahingegeben sind wir in die schwere Zucht Gottes. Es kam, wie du prophezeit hast: Jeder hatte nur sein eigen Ding im Sinn und nicht die Sache Gottes. Wie hätte ER da unser Schwert führen sollen? Ich weiß nun nicht, ob es mir gelingt, zu entkommen. Mir scheint jedoch, ein anderer Weg wartet auf mich, ein Kelch schwer zu trinken. So werden wir uns erst in der Ewigkeit wieder begegnen. Du sollst wissen, dass ich niemals bereute, dich zum Eheweib genommen zu haben. Gott

hat mir in dir eine Gehilfin gegeben, wie man besser sich nicht wünschen kann. Ich bereu wohl manche unnütze Stund' in meinem Leben, aber keine einzige von denen, die ich mit dir verbracht. So herze auch unseren lieben Sohn von mir. Unterweise ihn und das noch Ungeborene im lauteren Geiste des Evangeliums. Vertraue dem Boten dieses Briefes, er wird dir helfen, so ich es nimmer vermag. Zuletzt muss doch Gottes Sache siegen!

Auf ewig dein Thomas, gegeben zu Frankenhausen am 15. Mai anno 1525

»Was ist das für ein Brief? Woher hast du ihn?«

»Ein Verwandter hat ihn geschrieben, der schon lange tot ist. Sag, was meinst du, was war er für ein Mensch?«

Michel überlegte. »Ich verstehe nicht alles, was da geschrieben ist. Doch dieser Mann war ein Gelehrter, er hat große Liebe für seine Frau und sein Kind. Mon dieu, Matthias, solch einen Brief könntest du schreiben – ein guter, kluger Mensch wie du kommt mir dabei in den Sinn.«

Mias schlug entsetzt die Hände vor das Gesicht. »Wie ich, sagst du?«

»Nun löse mir das Rätsel. Wer hat das geschrieben?«

»Michel, ich werde mit meinem Vater auf eine Reise ins Thüringische gehen. Dort will ich sehen, was dieser Verwandte mit mir zu tun hat. Danach kann ich dir das Rätsel lösen.«

»Soll ich dich begleiten?«

Mias schüttelte traurig den Kopf. »Nein, lieber Freund, diesen Weg muss ich ohne dich gehen.«

Später, als er alleine in der Kammer zurückgeblieben war, öffnete Mias den kleinen Lederbeutel und holte seinen Inhalt heraus. Ein silberner Ring. Klein, schmal, darauf etwas eingraviert. Eine Weinranke. Er passte gerade an seinen kleinen

Finger. Ottilie Müntzers Ehering. Innen war ein schwarzer Schriftzug zu erkennen: Apo2/10/2

Was mochte das bedeuten? Natürlich, eine Stelle aus der Heiligen Schrift. Mias öffnete nochmals seine Truhe und holte eine Ausgabe der Vulgata heraus. Diese Bibel in lateinischer Sprache hatte ihm sein Vater zum Beginn seines Studiums geschenkt. »Apo« stand für Apokalypse des Johannes. Die Zahlen meinten das zweite Kapitel, im Vers 10 den zweiten Teil. Mias blätterte eine Weile, bis er den Text gefunden hatte.

Esto fidelis usque ad mortem, et dabo tibi coronam vitae.

Sei getreu bis an den Tod, so will ich dir die Krone des Lebens geben.

Was für ein merkwürdiger Trauspruch.

Thüringen. Im Sommer 1545

Erfurt war laut und schmutzig. Diesen Eindruck sollte Mias von seinem Besuch in Erinnerung behalten. Die engen Gassen, der Gestank, die vielen bettelnden Kinder. Er wohnte mit seinem Vater im Gasthaus »Zur Weißen Lilie« nahe der Brücke über den Fluss. In dieser Herberge war ihm damals Peter Kerner zum ersten Mal begegnet. Die Geschäfte führte nun der Sohn, sonst hatte sich nach Aussage seines Vaters nicht viel verändert in den letzten zwanzig Jahren. Am ersten Abend ihres Aufenthaltes hatte sich die alte Wirtin, die immer noch in der Küche Dienst tat, zu ihnen an den Tisch gesetzt. Nach der Begrüßung lag ihr Blick lange auf Mias. Schließlich strahlte ein Lächeln über ihr runzliges Gesicht und sie nickte Peter Kerner zu. »Einen braven Sohn habt Ihr da, Meister Kerner.«

Dieser lachte. »Ja, einen Besseren kann man sich nicht wünschen.«

»So habt Ihr es nie bereut?«

»Nie und nimmer. Mias kennt die Wahrheit seit ein paar Wochen, das hatte ich seiner Mutter damals geschworen.«

Die Wirtin zog erstaunt die Augenbrauen hoch. »Das war es also, was sie Euch am Sterbebett noch abgerungen hat.«

»Ja, und ich glaube, mein Sohn würde gerne von Euch mehr erfahren über das, was geschehen ist, bevor ich in die Schänke kam.«

Mias nickte. »Ihr kanntet meine Familie?«

Die Wirtin sah sich suchend um, ihre zahnlosen Kiefer mahlten aufeinander.

»Es ist gefährlich, über diese Dinge laut zu reden. Wir müssen auf der Hut sein«, flüsterte sie. Doch niemand in der Schänke schien sich für ihre Unterhaltung zu interessieren. Am Tisch neben der Tür spielten ein paar Männer ein Würfelspiel, daneben zog gerade eine Dirne das volle Interesse dreier Landsknechte auf sich.

»Es wird kein Name über meine Lippen kommen, Ihr wisst ja, von wem ich spreche.« Die greise Wirtin beugte sich näher zu Vater und Sohn herüber.

»Wir in Erfurt hörten damals von Kriegsknechten, was einige Tage zuvor in Frankenhausen geschehen war. Die Schlacht verloren, die Anführer gefangen. Die Wut der Fürsten, besonders die des Mansfelder Grafen, kannte keine Grenzen. Er hat den Gefangenen gequält, wie die Teufel in der Hölle ihn einst quälen mögen. Doch dieser hat seine Überzeugung auch unter der Folter nicht widerrufen. Mias, glaubt das nicht! Das ist eine Lüge des Mansfelders.

Sie haben ihn mit dem Schwert enthauptet, seinen Körper aufgespießt und an den Reißenden Berg vor Mühlhausen gesetzt. Viele andere Gefangene aus dem Bauernheer mussten am gleichen Tag ihr Leben lassen.

Die Frau des Anführers war hochschwanger und mit ihrem einjährigen Söhnchen in Mühlhausen geblieben. Nun konnten oder wollten sie die Räte der Stadt nicht beschützen. Ein Landsknecht hat ihr Gewalt angetan und sich ungestraft damit gebrüstet. Diese Schande hat sie nie verwunden. Danach ist sie aus der Stadt geflohen. Freunde haben ihr geholfen, denn die Fürsten hatten ihr das Erbe nicht ausgehändigt und so war sie arm wie eine Kirchenmaus. Zuerst wandte sie sich an Verwandte in Nordhausen, aber die haben sie von der Schwelle gestoßen, das arme Weib. Dafür werden sie gleich neben dem Mansfelder in der Hölle schmoren. Eines Abends kam sie in meine Schänke, erschöpft und voller Schmutz. Ein Getreuer brachte sie und bat mich, ihr und dem Söhnchen zu helfen. Viel konnte ich jedoch nicht mehr für sie tun. Wenige Tage später gebar sie das Kind. Es war ein Mädchen, bei der Geburt bereits tot. Dann kam das Fieber und kurz darauf war sie in Jesum mit Mann und Kind vereint. Wenn Ihr auf dem Gottesacker der Barfüßerkirche steht, liegen sie genau zwischen Mauer und der großen Blutbuche. Das Söhnchen war zu der Zeit schon in Sicherheit, das hat der Mutter großen Trost gegeben und sie in Frieden sterben lassen.«

»Was wäre aus dem Söhnchen geworden, hätte sich nicht ein Fremder erbarmt?«, fragte Mias schließlich nach einigen Minuten des Schweigens.

»Ein paar Wochen später kamen die Soldaten des Herzogs in mein Haus. Sie kehrten das Unterste nach oben auf der Suche nach ihm und der Mutter. Wir hätten ihn gut verbergen müssen in der Stadt, so wie wir es auch mit anderen getan haben. Er wäre heute wohl nur ein armer Knecht. So hat er es doch besser getroffen, nicht wahr?«

»Ihr hättet ihn hier behalten und beschützt?«

Die Wirtin nickte. »Mein Gemahl, Gott hab' ihn selig, war auch ein Getreuer des wahren Evangeliums. Er ist mit den anderen auf dem Feld in Frankenhausen erschlagen worden. Wir Getreuen lassen einander nicht im Stich.«

»Ich danke Euch, was Ihr für die Mutter und das Kind getan habt. Das werde ich Euch nie vergessen.« Mias Worte kamen aus tiefstem Herzen.

Die Wirtin sah dem jungen Mann mit festem Blick in die Augen. »Liebe deinen Nächsten, so wie dich selbst. Denkt daran, wenn einmal jemand vor Eurer Tür steht, der Hilfe bedarf.«

»Ja, so steht es in der Heiligen Schrift«, nickte Mias.

»Der gedruckte Buchstabe der Schrift an sich ist tot, nur der Heilige Geist macht sie lebendig. Er hilft, das Richtige zu tun.«

Was für seltsame gelehrte Worte wusste diese alte einfache Wirtin zu sagen? Mias wunderte sich darüber.

»Ich hab dir's doch gesagt: Hör den Menschen zu und sinne darüber nach. Jedes Ding hat mehrere Seiten«, erinnerte ihn Peter Kerner später in der Kammer.

»Die Reformatorischen haben in etlichem Recht. Viele unserer römisch-katholischen Geistlichen leben nicht nach ihrer eigenen Predigt. Das weißt du doch auch.«

Das Holzbett knarrte laut, wenn Mias sich von einer Seite auf die andere wälzte. Gut, dass Vater so tief schlief, wenn er, wie letzten Abend, einen Humpen Wein geleert hatte.

Laut reden über Thomas Müntzer wollte hier offenbar keiner. Aber es gab wohl noch Getreue, Menschen, die ihm persönlich begegnet waren, seine Predigten gehört hatten. Worte, die ein loderndes Feuer im Herzen der Menschen angefacht haben mussten. So heiß, dass sie bereit waren, dafür in den Tod zu gehen. Nein, solch eine Predigt hatte Mias noch nie gehört. Die Regensburger Priester drohten oft mit Hölle und Fegefeuer für die Sünder und mahnten zur Buße und Gehorsam gegenüber Papst und Obrigkeit. In Heidelberg hatten die Professoren klüger gesprochen, feinsinnige Schriftauslegungen gebracht, um die Gedanken der Wittenberger zu widerlegen. Mias' Denken schlug so manche Kapriolen, damit er ihren Ausführungen folgen konnte – sein Herz klopfte dabei jedoch unbeteiligt weiter. Wenn über diesen Müntzer etwas zu erfahren wäre, dann an seiner letzten Wirkungsstätte in Mühlhausen. Mias fasste einen Plan. Gleich morgen früh würde er seinen Vater darum um Rat fragen. Diesen anderen Mann, der in sein Leben getreten war, nein, den konnte er nicht »Vater« nennen. Für den würde er einen anderen passenden Namen finden müssen.

Die Mittagssonne brannte den beiden Männern heiß in den Nacken. Über das von der Sommerhitze ausgedörrte Gras gingen sie in den Schatten der großen Blutbuche und blickten zur Mauer. Irgendwo unter einem der gelbgrünen Hügel also ruhten Ottilie Müntzer und die namenlose Schwester bis zur Auferstehung am Jüngsten Tag.

Würde seine Schwester überhaupt auferstehen? Sie hatte doch gar nicht gelebt und getauft war sie auch nicht. Sie waren Ketzer, also würde sie Christus dann gleich ins ewige Feuer schicken? Mias seufzte. Würde ein Ablassbrief nützen?

Schweigend standen sie eine Weile dort.

»Vater, ich bitte Euch um Rat. Ich möchte nicht nach Regensburg zurückfahren, sondern nach Mühlhausen gehen und eine Weile dort bleiben. Längstens bis zum neuen Jahr, dann komme ich zu Euch zurück. Was meint Ihr?«

Vater Kerner nahm die Kappe ab und kratzte sich am Kopf. »Du willst dich also auf die Suche machen, mein Sohn. Was willst du finden?«

»Ich weiß nicht, was es zu finden gibt, Vater. Wer weiß, vielleicht treffe ich einen der alten Getreuen, wie sie die Wirtin genannt hat. Einen, der Thomas Müntzer gut gekannt hat.«

»Und was soll ich dir raten, Mias?«

»Entlasst mich dazu mit Eurem Segen, Vater. Darum bitte ich Euch.«

»Niemand darf erfahren, wer du bist, Sohn! Vergiss das nie und vertraue niemand. Du würdest sonst dich, mich und deine ganze Familie ins Unglück reißen. Versprich mir das!«

»Ich verspreche es. Heißt das, Ihr erlaubt es?«

»Was will ich tun? Entlasse ich dich nicht im Guten, so könntest du wohl über Nacht und Nebel verschwunden sein, nicht wahr, Mias?«

»Woher wisst Ihr …?«

»Ich hätte es an deiner Stelle auch so gemacht als junger Mann und mir damals von niemand raten lassen. Heute bin ich älter und wäge die Gefahr im Vergleich zum Nutzen ab. Mein Verstand sagt, dass dein Wunsch viel Gefahr, aber wenig Nutzen verspricht. Mein Herz aber versteht dich.

Als ich dich damals in der ›Weißen Lilie‹ mitgenommen habe, war ich nur wenig älter als du heute. Niemand hätte mir dazu geraten, nur mein Herz. Wagemutige Entscheidungen liegen uns Kerners im Blut. Also lass uns lieber im guten Einvernehmen voneinander scheiden. Das hat einen Vorteil, denn wir können einen Plan schmieden. Du kannst nicht einfach durch das Mühlhausener Stadttor marschieren ohne Grund und Ziel.«

Am Abend weihten die beiden Männer die Wirtin in ihre Pläne ein. Die alte Frau schwieg lange und wiegte ihren Oberkörper nachdenklich von rechts nach links.

»Ihr lasst Euch nicht durch gutes Zureden davon abhalten, nicht wahr, junger Herr?«

Mias schüttelte entschlossen den Kopf. Die Wirtin seufzte.

»Nun gut, so will ich Euch helfen. Ich gebe Euch eine Nachricht mit für einen Verwandten. So habt Ihr einen Grund für Eure Reise nach Mühlhausen. Er wird Euch mir zu Liebe in sein Haus aufnehmen, aber eröffnet ihm auf keinen Fall Euer Geheimnis.«

»Ist er auch ein heimlicher Getreuer?«, wollte Mias wissen.

Die alte Frau lachte. »Henrich Rothmann, der Sohn meiner Schwester ist der Stadtkämmerer von Mühlhausen. Henrich schuldet mir seit langem einen Gefallen. Daran werde ich ihn erinnern.«

In dieser Nacht sank Mias erst spät in einen unruhigen Schlaf. Was, wenn jemand in Mühlhausen ihn erkannte? Nein, das war unwahrscheinlich. Er musste nur vorsichtig sein, durfte niemandem vertrauen.

Das erste Morgenlicht fiel gerade durch das winzige Kammerfenster, als Mias schweißüberströmt aus dem Schlaf schreckte. Sie hatten auf ihn mit den Fingern gezeigt, all diese vielen Menschen. »Der Same des Bösen«, hatten sie gebrüllt, »Seht den Sohn des Ketzers!« Es dauerte eine Weile, bis sein Herzschlag sich wieder beruhigte. Es war ja nur ein Traum gewesen. Nur ein böser Traum.

Sollte er doch lieber mit seinem Vater nach Regensburg zurückkehren? Dort wartete seine Familie, seine Freunde, eine angesehene Arbeit. Dort war er Matthias Kerner, der Sohn und Erbe des angesehenen Zunftmeisters Peter Kerner. Vielleicht mochten ihn manche Menschen nicht leiden, den meisten war er sicher gleichgültig, aber niemand in Regensburg hatte Grund, in ihm den Samen des Bösen zu sehen.

Warum hatte Ottilie Müntzer seinem Vater dieses Versprechen abgerungen, ihm die Wahrheit über seine Herkunft nicht zu verheimlichen? Die Worte des Briefes, die ihn zutiefst berührt hatten, der Ring. Er musste mehr über seine leiblichen Eltern herausfinden. Danach würde er nach Regensburg heimkehren. Dort gehörte er hin.

Zwei Tagesreisen waren es bis Mühlhausen. Mias fuhr auf dem Gespann eines Kaufmanns bis Langensalza mit. Dort nahm er Quartier in einem Gasthaus. Am folgenden Tag machte er sich schon früh zu Fuß auf den Weg. Gegen Abend erreichte Mias das westliche Stadttor von Mühlhausen.

»Geht nur diese Gasse weiter durch die Stadt, bis Ihr vor der großen Kirche St. Blasius steht. Des Rothmanns Haus liegt rechter Hand in der Kurzen Gasse.« Der Torwächter war freundlich. Er sprach mit diesem eigenartigen singenden thüringischen Klang, der Mias schon in Erfurt zum Schmunzeln gebracht hatte.

Mias staunte. Mühlhausen war in Wirklichkeit viel größer und schöner als in seinen Vorstellungen. Die Breite Gasse säumten vortreffliche Bürgerhäuser, denen man ihre vermögenden Besitzer ansehen konnte. Auf dem großen Platz vor der St. Blasius Kirche bat er einige spielende Knaben, ihn zum Haus von Henrich Rothmann zu führen. Dann stand Mias vor der schweren hölzernen Türe. Er pochte dagegen. Nichts geschah. Nach einer Weile klopfte er kräftiger. War der Hausherr wohl nicht daheim? Da näherten sich Schritte, die Türe wurde einen Spalt weit geöffnet.

»Wer da?«, ein weißhaariger Greis schob seinen Kopf hindurch.

»Ich bringe eine Nachricht für den Stadtkämmerer Rothmann.«

»Er ist nicht da. Ihr könnt auf ihn warten oder später wiederkommen.«

»Ich warte.«

»Gut, so tretet ein.« Der Greis ließ Mias durch die Türe und schloss das schwere Tor sofort wieder hinter ihm.

»Dorothea«, rief er laut, »wir haben einen Gast.«

Mias Augen gewöhnten sich nur langsam an das Dunkel im Haus. Durch eine Türe am Ende des Ganges schien ein heller

Streifen. Mias folgte dem Greis in diese Richtung und trat in eine Küche. Dort stand eine junge Frau am Tisch, die Arme bis zu den Ellenbogen in einem Backtrog vergraben. Sie knetete mit aller Kraft den Teig.

»Und wer ist unser Gast?«, fragte sie, ohne von ihrer Arbeit aufzuschauen.

Sollte er jetzt wohl einer Küchenmagd Rede und Antwort stehen? Einen seltsamen Haushalt hatte dieser Henrich Rothmann.

»Nun?«, fragte die junge Frau noch einmal und blickte Mias an. Ganz schön keck, das Mädchen. Die Mägde in Mutters Haushalt würden sich so etwas nicht herausnehmen.

»Ich warte auf Henrich Rothmann. Ich habe einen Brief für ihn.« Das musste dem neugierigen Weib doch fürs Erste genügen. Sie lachte und knetete weiter.

»So setzt Euch doch, namenloser Fremder. Wenn ich das Brot im Feuer habe, bringe ich Euch einen Trunk.«

Mias setzte sich auf die Holzbank. Hatte er da nicht einen leisen Spott aus ihrer Stimme herausgehört? Der greise Knecht war nicht mehr zu sehen, er war alleine mit dem jungen Ding. Sie nahm den Teig, strich ihn in eine große Pfanne und schob diese geschickt über das Feuer. Es war heiß im Raum, Qualm biss Mias in den Augen. Die Magd nahm einen Humpen und ließ ihn in der Küche allein. Wann kam endlich der Hausherr?

»So, nun lasst es Euch schmecken.« Der Humpen war randvoll eingeschenkt. Mias kostete vorsichtig. Apfelmost. Kühler köstlicher Apfelmost.

Die Magd setzte sich ihm gegenüber. War sie wohl schon fertig mit ihrer Arbeit?

»Wann kommt denn der Herr zurück?«, fragte Mias.

»Er müsste eigentlich schon da sein. Wahrscheinlich ist er im Rat aufgehalten worden.« Das Brot in der Pfanne pratzelte und verbreitete einen köstlichen Duft. Mias Magen knurrte laut. »Oh, Ihr habt wohl Hunger? Habt Ihr noch nichts gespeist heute?«, lachte die Magd.

Laute Stimmen kamen über den Flur näher. Der Hausherr betrat zusammen mit dem Greis die Küche. Das Mädchen sprang auf, umarmte den Eingetretenen herzlich.

»Vater, seht, wir haben einen Gast. Er hat eine Nachricht für Euch und großen Hunger.«

Das war keine Küchenmagd, das war Henrich Rothmanns Tochter! Mias stieg die Röte ins Gesicht. Aber warum musste die Tochter des Stadtkämmerers die Arbeit der Küchenmägde verrichten? Der Hausherr wandte sich nun Mias zu. Er war ein stattlicher Mensch, etwa im Alter seines Vaters, mit tiefer wohlklingender Stimme.

»So, ein Gast. Wo mag er herkommen?«

»Mir hat er's nicht verraten wollen«, kicherte die Tochter. Sie ging an den Ofen und kümmerte sich um das Brot.

»Ich bin Matthias Kerner aus Regensburg und bringe Euch diesen Brief aus Erfurt.« Mias reichte ihm verlegen das versiegelte Schreiben der Wirtin. Henrich brach das Siegel und las die Nachricht. Dann steckte er das Papier in seinen Ärmel.

»Hm, Matthias Kerner aus Regensburg, seid Ihr?« Seine graublauen Augen blickten nachdenklich prüfend auf Mias.

»So seid willkommen in meinem Haus. Und nun lasst uns etwas gegen den Hunger tun und dabei könnt Ihr mir erzählen, wie es meiner Muhme in Erfurt ergeht.«

Später am Abend saß Mias mit Henrich und Dorothea im Speisezimmer zusammen. Die Mahlzeit hatte vorzüglich gemundet. Die Küchenmagd war für einige Tage zur Beerdigung ihrer Mutter aufs Land gereist, deshalb kümmerte sich Dorothea um die Mahlzeiten. Mias erfuhr, dass Dorotheas Mutter vor einigen Jahren an dem großen Fieber gestorben war. Damals wurde fast ein Drittel der Einwohner Beute dieser Krankheit. Seitdem lebten im Haushalt nur Henrich, seine einzige Tochter Dorothea, der alte Knecht Valtin und Bärbel, die Magd. Dorothea schien es Mias nicht krumm zu nehmen, dass er sie für die Magd gehalten hatte. Sie beteiligte sich munter und mit kluger Rede am Gespräch. Offensichtlich hatte sie mehr Bildung genossen als sonst für Mädchen üblich. Mias verglich Dorothea unwillkürlich mit Katharina. An Schönheit konnte sie es mit seiner Schwester gewiss nicht aufnehmen. Dorothea war klein von Wuchs, alles an ihr war rundlich: die braunen Augen in dem sommersprossigen Gesicht, dessen Form noch durch den nach hinten gebundenen braunen Zopf betont wurde, die Hüften und, wie Mias mit verstohlenem Blick bemerkte, auch die Brüste lagen wie zwei reife runde Früchte genau an der Stelle, wo sie hingehörten. Da hatte sie Katharina einiges voraus.

Henrich und seine Tochter befragten Mias über seine Familie und das Leben in Regensburg. So war man dabei, sich besser kennenzulernen.

»Sagt, Magister Rothmann, wisst Ihr nicht jemand in Mühlhausen, der einen Schreiber oder Kaufmannsgehilfen sucht?«, wollte Mias wissen.

»In Regensburg seid ihr nicht lutherisch gesinnt, oder?«

»Es gibt schon etliche Anhänger Luthers in unserer Stadt – aber meine Familie gehört nicht dazu.«

»Gut, gut, denn das ist für den Posten vonnöten, den ich dir verschaffen könnte. In ein paar Tagen findet der große Prozess vor dem Reichskammergericht in Mühlhausen statt. Der Schreiber des Kurmainzischen Anwalts ist im Suff von der Treppe gestürzt, hat sich den Arm gebrochen. Vielleicht kannst du den Posten haben. Bewährst du dich, findet sich danach etwas anderes.«

An diesem Abend schlief Mias schnell ein. Sein Bett stand in einer kleinen, gemütlichen Kammer im Obergeschoss des Rothmannschen Hauses.

Henrich hatte ihm versichert, er könne bei ihnen wohnen, so lange er in Mühlhausen zu schaffen habe.

In einer anderen Kammer des Hauses lag Dorothea noch lange wach und beobachtete den silbernen Streifen Mondlicht, der durch das kleine Fenster neben ihr auf die Kissen fiel. Schöne blaue Augen hatte er, dieser Matthias Kerner. Am Anfang war er ihr ja ein wenig aufgeblasen erschienen, aber letztlich hatte er sich als ruhiger, freundlicher Mann mit guten Manieren herausgestellt. Eine Sache machte Dorothea jedoch Kopfzerbrechen: Noch nie hatte ihr Vater einen völlig Fremden für unbegrenzte Zeit als Gast ins Haus genommen. Wozu gab es Schänken, in denen man für Geld wohnen konnte? Alles wegen eines Briefes der Muhme aus Erfurt? Was hatte Vater dazu gebracht? Sie musste dieses Schreiben unbedingt in die Hände bekommen!

Nur durch eine dicke Steinwand von Dorothea getrennt, fröstelte Henrich Rothmann in seinem kalten, einsamen Ehebett. Seine Gedanken gingen auf eine Reise in die Vergangenheit. Eigentlich müsste doch endlich alles vergessen sein nach so langer Zeit. Vergessen und vorbei. Er stand noch einmal auf, zündete eine Kerze an und hielt den Brief seiner Muhme in die Flamme, bis nur ein Häuflein Asche übrig blieb. Vergessen und vorbei.

Tatsächlich bekam Mias den Schreiberposten. Gleich am nächsten Morgen hatte er sich auf Henrichs Anraten an den Kurmainzischen Anwalt Doktor Kornmann gewandt. Der war froh, in diesem lutherischen Hornissen-Nest einen rechtgläubigen jungen Mann zu finden, der über die notwendige Qualifikation verfügte und der vor allem nicht aus der Gegend stammte.

Bei diesem Prozess ging es um viel. Um viel Geld.

Die Ursache war schon über zwanzig Jahre her. Als die Rotten der Bauern anno 1525 durch das Eichsfeld zogen, plünderten und brandschatzten, hatte der Kurfürst von Mainz, dem diese Güter unterstanden, große Verluste erlitten. Daher wurde ein Prozess gegen die Stadt Mühlhausen auf Entschädigung vor dem Reichskammergericht angestrengt. Die Mühlhausener hatten mit einer Gegenklage gegen den Kurfürst geantwortet. Kurmainzische Untertanen und Verbündete hätten trotz Friedensschluss noch mehrere Mühlhausener Dörfer geplündert, dann abgebrannt und zwei Wachtürme vor den Toren der Stadt vernichtet. Es hatte Jahre gedauert, bis das Reichskammergericht eine geeignete Person fand, die diesen Prozess führen konnte. Der Leipziger Rechtsgelehrte Caspar Borner hatte die Sache nun in die Hand genommen. Die Zeugen waren geladen, am 31. August würde die Verhandlung beginnen.

»Na, habt Ihr den Posten bekommen?«, begrüßte ihn Dorothea fröhlich an der Haustür. Sie trug einen großen Korb in den Händen. Mias nahm ihn ihr ab.

»Ja, ich werde als Schreiber für Doktor Kornmann arbeiten. Wo soll der hin – der Korb?«

»In den Garten hinter dem Haus. Wenn Ihr Zeit habt, begleitet mich doch. Die Frühäpfel sind reif. Ich will uns heute Pfannkuchen mit Apfelreib als Nachtmahl bereiten.«

Mias folgte Dorothea mit dem Korb. Durch eine Tür hinter der Küche traten sie in einen Garten, der rundherum von mannshohen Mauern umgeben war. Dorothea ging zielstrebig zu einem der Obstbäume. Die Äste hingen schwer von grünen Äpfeln herunter. Sie begannen schweigend zu pflücken. Man hörte nur das Rascheln der Blätter und das Summen der Bienen, die durch die mittägliche Augustsonne schwirrten.

»Der Prozess ist eine schlimme Sache. Es könnte dumm ausgehen für uns Mühlhausener«, brach Dorothea schließlich die Stille.

»Wie das?«

»Nach Willen des Kurfürsten sollen wir Mühlhausener büßen für Taten, die wir gar nicht begangen haben.«

»Aber von hier sind doch die Rotten ins Land gezogen … Hier haben doch Müntzer und Pfeiffer die Meute aufgestachelt …«, erwiderte Mias.

»Nicht alle Mühlhausener waren auf Seite der Bauern. Jetzt werden wir mit allen Übeltätern über einen Kamm geschoren.«

»Sagt, Dorothea, wie kommt es, dass Ihr über solche Dinge und auch anderes so gut Bescheid wisst? Habt Ihr eine Lateinschule besucht?«

»Ihr wisst doch, dass die Schule nur für Buben ist. Ich hatte das Glück, vier Jahre zusammen mit den Kindern eines Ratsherrn von einem Hauslehrer unterrichtet zu werden. Ich kann gut lesen. Mein Vater hat mir vieles beigebracht, von meiner Mutter habe ich alles über Heilkräuter gelernt.«

»Mir scheint, Ihr seid viel klüger als meine Schwester.«

Dorothea dachte nach.

»Ist Eure Schwester schön?«

»Ja, sehr schön.«

»Wenn eine Frau schön ist und aus einem reichen Haus kommt, muss sie nicht auch noch klug sein. Sie wird einen angesehenen Gatten finden, nicht wahr?«

Mias überlegte. Dorothea hatte Recht. So hatte er das noch nie betrachtet.

»Ihr werdet doch auch einen angesehenen Gatten finden. Hat denn noch keiner um Euch geworben?«

Dorothea stieß ein verächtliches Schnauben aus. »Nur einer – und den nehm' ich nicht. Lieber stürze ich mich vom Turm.«

In der Stimme des Mädchens klang so viel ernsthafte Verzweiflung mit.

Mias stand ratlos da, in jeder Hand einen Apfel. Solch eine Unterhaltung hatte er noch nie geführt. »Verzeiht, Dorothea, in diesen Dingen habe ich keine Übung«, sagte er schließlich leise.

Sie trugen den schweren Korb voller Äpfel wortlos zusammen in die Küche.

»Seid Ihr mir jetzt böse?«, fragte Dorothea traurig, »Vater sagt immer, ich soll mein Temperament zügeln. Aber es gelingt mir nicht.«

»Aber nein, wie sollt' ich Euch böse sein? Ihr habt mich doch nur in Euer Herz schauen lassen. Es ist nur«, Mias rang nach den richtigen Worten, »über all diese Dinge – Frauen und Ehestand – habe ich mir bisher noch nicht viele Gedanken gemacht.«

Zweierlei hatte er erfahren in diesem Gespräch: Der Prozess gegen die Stadt Mühlhausen schien kompliziert zu werden und Dorothea Rothmann hatte nur einen einzigen Verehrer, den sie aber auf keinen Fall erhören würde. Beides erschien Mias von Bedeutung, er wusste noch nicht, warum.

»Ist das eine Hitze heute«, stöhnte Rosina Baumgart und wedelte sich mit einem Fächer Luft zu.

»Soll ich dir helfen, das Kleid abzulegen?«, fragte Caspar Künemund anzüglich. Er langte nach ihrem Mieder.

»Nicht jetzt, Caspar, wir haben Wichtigeres zu tun.«

»Was gibt es Wichtigeres?« Caspar legte die Arme von hinten um Rosina, zog sie an sich und küsste sie auf den Hals. Rosina machte sich nachdrücklich los und ging zu dem Tisch mit dem Schachspiel hinüber.

»Der Prozess steht nun endlich bevor. Wir sollten überlegen, ob dieser unserer Sache dienen kann – oder schaden.«

»Ich habe den Gehilfen des Anwalts bestochen. Er lässt mich die Protokolle heimlich lesen. Erst wenn wir wissen, was hinter den verschlossenen Türen des Gerichts vorgeht, können wir es vielleicht für unsere Zwecke ausnutzen.«

»Ach ja, hast du schon gehört, Caspar: Der Kurmainzer Anwalt hat heute einen neuen Schreiber verpflichtet. Einen Fremden, der bei Henrich Rothmann wohnt. Aus Regensburg ist er, sagt man.«

»So, da brauchen wir noch eine neue Figur in unserem Spiel. Einen Bauern? Ein Pferd? Was meinst du, Rosina?«

»Ein Bauer, mehr ist der Schreiber nicht wert. Er kommt gleich neben den schwarzen Turm.« Rosina stellte einen schwarzen Bauern auf das Spielfeld.

Danach überlegten Caspar und Rosina gemeinsam, wie sie ihren Zielen ein Stück näher kommen könnten. Da gab es noch einige Figuren aus dem Spiel zu schlagen. Jede schwarze Figur auf dem Schachbrett stand für eine Person, die büßen sollte für das Unrecht, das Caspars und Rosinas Familien durch sie erleiden mussten. Der Verräter, der Caspars Vater Sebastian Künemund am Ende des Bauernaufstands bei den Siegerfürsten denunziert hatte, stand noch auf dem Spielfeld. Den Scharfrichter, der ihn damals am Marktplatz enthauptete, hatten sie schon herausgenommen. Er war vor zwei Monaten an einer seltsamen Krankheit gestorben. Den Einfall mit dem vergifteten Gewürz hatte Rosina gehabt.

Caspar hatte den Anblick nie vergessen, wie das große Schwert den Kopf seines Vaters vom Hals trennte.

Als neunjährigen Jungen hatten sie ihn gezwungen, bei der Hinrichtung zuzusehen.

Alles Beten und Flehen hatte damals nichts genützt. Seitdem hatte Caspar den Glauben an einen barmherzigen Gott verloren. Das Getue in den Kirchen war doch alles nur Unsinn, sei es katholisch oder evangelisch.

Das geheime Ziel der Witwe Rosina Baumgart war, den drei Jahre jüngeren Caspar Künemund zu heiraten. Dafür würde sie die Pläne ihres Liebhabers nach Kräften unterstützen und sich damit als sein zukünftiges Eheweib würdig und fähig erweisen.

Später legte Rosina tatsächlich noch ihr Kleid ab. Allerdings nicht wegen der Hitze. Danach begleitete sie Caspar in den Keller ihres Hauses, von wo man durch einen geheimen Gang in das auf der Stirnseite angebaute Haus der Künemunds gelangen konnte. Niemand in Mühlhausen ahnte bisher etwas von ihrer Liaison. Und das war gut so.

Caspar Künemund fühlte sich nach diesen Stunden bei Rosina wohl wie ein Fisch im Wasser. Es konnte nicht schaden, Dorothea Rothmann einen Besuch abzustatten und, wenn möglich, diesen Fremden aus Regensburg einer näheren Begutachtung zu unterziehen.

»Hab ich nicht gesagt, ich empfange keinen Besuch, wenn Vater nicht zu Hause ist?«, zischte Dorothea zornig dem Knecht Valtin zu, der Caspar hereingeführt hatte. Valtin wunderte sich, er konnte sich nicht an diesen Befehl erinnern. Sein Gedächtnis ließ von Tag zu Tag nach.

»Jungfer Dorothea, Ihr werdet jeden Tag schöner«, grinste Caspar. Sein Blick wanderte von ihrem Gesicht über den Hals hinunter zur Brust. Dort hielt er viel zu lange inne.

»Was verschafft uns die Ehre Eures Besuchs, Meister Künemund?«, fragte Dorothea unwirsch zurück.

»Das wisst Ihr doch. Ich kann eben nicht lange ohne Euren Anblick leben.«

Dorothea hatte sich hinter den Esstisch gestellt, so dass die Holzplatte Caspar auf Abstand hielt. Nun ging der Mann mit großen Schritten auf ihre Seite herum, Dorothea flüchtete in die andere Richtung.

»Wenn Ihr meinen Vater sprechen wollt, so müsst Ihr in einer Stunde wiederkommen.«

Caspar lachte laut. Die Jagd um den Tisch herum war ganz nach seinem Geschmack.

»Seid doch nicht so spröde, Dorothea. Ihr wisst doch, dass ich ehrbare Absichten mit Euch habe.«

»Wenn Ihr ehrbare Absichten hättet, würdet Ihr mich nicht so bedrängen!« Nun klang Dorothea wirklich erbost. Caspar hob beide Hände und blieb stehen.

»Verzeiht, ich wollte Euch nicht erzürnen. Es war doch nur ein Scherz.«

Dorothea überlegte fieberhaft, wie sie Caspar loswerden oder ihm entkommen könnte. Der alte schwerhörige Valtin war keine Hilfe gegen ein liebestolles Mannsbild. Doch da fiel ihr ein, sie war ja gar nicht allein im Haus. Matthias Kerner war oben in seiner Kammer. »Ihr habt sicher schon gehört, dass wir einen Gast im Haus haben.«

»Wirklich? Das soll ich Euch glauben?«, spottete Caspar und kam wieder auf sie zu. Diesmal war die Tischplatte nicht zwischen ihnen.

»Ich, ich kann ihn ja holen, wenn Ihr mir nicht glaubt«, stotterte Dorothea und flüchtete zur Tür, bevor Caspar sie greifen konnte. »Matthias Kerner, kommt einmal herunter!«, rief Dorothea laut nach oben. In ihrer Stimme schwang Angst mit. Nichts geschah.

»Ist wohl nur ein guter Geist, Euer Gast.« Caspar stand nun direkt vor ihr. Hinter sich spürte sie die Wand.

Sie reichte dem großen, dicklichen Mann gerade bis zur Brust. Er roch widerlich nach Schweiß und einem süßlichen Duftwasser. Gleich würde er sie wieder an die Wand drücken und versuchen, sie zu küssen.

Dorothea versuchte, nicht zu würgen, drehte den Kopf zur Seite und atmete tief ein.

»Matthias!«, schrie sie noch einmal verzweifelt. Schritte auf der Treppe, der Gerufene eilte herunter. Caspar trat schnell einige Schritte zur Seite, Dorothea lehnte sich erleichtert zurück an die Wand.

»Was gibt's, Dorothea?«, fragte Mias und erblickte im selben Moment den Besucher. Dieser hatte sein freundlichstes Gesicht aufgesetzt.

»Gott zum Gruß, ich habe mit Jungfer Dorothea gescherzt. Ich wollte ihr nicht glauben, dass es Euch wirklich gibt.« Ein Scherz? In Mias Ohren hatte Dorotheas Schrei nach Todesangst geklungen. Mias blickte verwirrt zwischen Dorothea und Caspar hin und her. »Caspar Künemund, Gewürzhändler dahier«, verbeugte sich dieser formvollendet.

»Matthias Kerner, aus Regensburg. Bakkalaureus der Freien Künste«, antwortete Mias in gleicher Weise.

»Ach, Ihr seid der neue Kurmainzische Schreiber? Da wünsche ich Euch viel Freude an Eurem Posten. Grüßt den Vater von mir, Dorothea. Auf bald.«

Caspar hatte genug gesehen. Dieser kleine Bakkalaureus der Freien Künste war weniger als ein Bauer in seinem Spiel wert.

Als die Tür hinter Caspar zugefallen war, atmete Dorothea hörbar aus. »Das war knapp.«

Plötzlich verstand Mias, was sich gerade abgespielt hatte.

»Dieser Künemund ist wohl der Mann, wegen dem Ihr vom Turm springen würdet?«

Dorothea nickte. »Das Schlimme ist, mein Vater hätte nicht einmal etwas dagegen einzuwenden, wenn der aufgeblasene Kerl um meine Hand anhält.«

An der Eingangstür waren wieder Geräusche zu hören. Diesmal kam jedoch der Hausherr herein und fand die beiden jungen Leute vor der Treppe.

»Ich gehe in die Küche, der Pfannkuchen muss ins Feuer«, rief Dorothea geschäftig und eilte davon.

»Du hast den Posten bekommen, ich habe es schon in der Ratsschänke gehört.« Henrich klopfte Mias auf die Schulter. »Gut so. Nach dem Prozess sehen wir weiter. Komm, lass uns ein Glas Wein darauf trinken.«

Sie gingen ins Speisezimmer.

»Gerade war ein Besucher da. Ich glaube, Dorothea war nicht froh darüber«, meinte Mias vorsichtig.

»Caspar Künemund, der Gewürzhändler. Ich bin ihm vor dem Haus begegnet. Er wird wohl demnächst um Dorotheas Hand anhalten. Ich wäre einverstanden, aber Dorothea mag ihn gar nicht leiden.« Nachdenklich strich Henrich über den Rand des Weinglases, bis ein summender Ton entstand.

Mias schwieg. Seine Eltern würden Katharina oder ihn niemals in eine ungewollte Ehe drängen. Da war er sich sicher.

Das Nachtmahl schmeckte wieder vorzüglich. Dorothea freute sich sehr über das Lob für ihre Kochkünste. Sie hatte sich vor dem Essen ihr liebstes Kleid angezogen, die Haare gebürstet, bis sie glänzten, und nur locker mit einem Reifen aus dem Gesicht geschoben.

»Morgen ist Sonntag. Wollt Ihr uns nicht nach St. Marien begleiten?«, fragte sie Mias.

Einer lutherischen Messe hatte Mias bisher noch nicht beigewohnt. In St. Marien war Thomas Müntzer Pfarrherr gewesen. Wenn es noch Getreue gab, dann waren sie vielleicht dort anzutreffen.

»In St. Marien hat der Müntzer gepredigt, nicht wahr?«, fragte er Henrich.

»Ja, das stimmt. Heute haben wir dort einen jungen lutherischen Pfarrer namens Andreas Kuntze.«

»Kanntet Ihr Müntzer, als er damals in der Stadt weilte?« Mias versuchte, seiner Frage einen möglichst beiläufigen Ton zu geben.

Henrich strich über seinen grauen Bart. Seine hellen Augen blickten nachdenklich auf Mias.

»Hm, ob ich ihn kannte? Nun, jeder in der Stadt kannte ihn, hatte ihn in einer Kirche oder auf den Gassen predigen hören. Die einen schlossen sich seinem Ewigen Bund an und zogen ins Feld, andere nicht.«

»Vater hat sich dem Feldzug nicht angeschlossen.« Dorothea mischte sich ins Gespräch ein.

»Nein, sonst wäre ich heute wohl kaum Stadtkämmerer, nicht wahr?«

»Du wärst hingerichtet und ich nicht einmal geboren.«

»Matthias, ich gebe dir einen väterlichen Rat: Frage in Mühlhausen nicht offen nach Pfeiffer, Müntzer und ihren Anhängern. Das könnte dir schlecht bekommen. Niemand will an diese Zeit erinnert werden. Es ist schon genug, dass jetzt der Prozess alles wieder aufwühlt. Wenn du etwas wissen willst, frage mich. Ich werde dir, so gut ich kann, antworten.«

»Ich danke Euch und will Euren Rat beherzigen, Henrich.«

»Begleitet Ihr uns nun in die Kirche? Dort kann man wahrhaftig Worte des lauteren Evangeliums hören«, versuchte es Dorothea noch einmal.

»Wird mir das nicht schaden mit dem Schreiberposten? Doktor Kornmann ist es wichtig, dass ich nicht lutherisch eingestellt bin.«

»Ihm ist vor allem wichtig, dass du kein Mühlhausener und somit nicht parteiisch bist. Als Schreiber hast du keinen Einfluss auf den Prozess. Du wirst nur protokollieren und dich an deinen Schweigeeid halten. Da kannst du schon einmal eine lutherische Messe besuchen. In der Hölle wirst du deswegen sicherlich nicht schmoren«, lachte Henrich.

In der Hölle schmoren? Das war doch genau die Gefahr, wenn man sich mit den Ketzern einließ. Davor hatten die Geistlichen in seiner Regensburger Heimatkirche und auch manche Professoren in Heidelberg vehement gewarnt. Vor dem Einschlafen gingen Mias viele Gedanken dieser Art durch den Kopf. Nun, er würde ja nicht gleich lutherisch werden, nur wegen eines einzigen Gottesdienstes. Im Gegenteil, vielleicht würde es ihm ja gelingen, die Predigt anhand der Schrift zu widerlegen. Beruhigt schlief er ein.

An diesem letzten Sonntag im August zeigte der Sommer noch einmal seine ganze Macht. Die Sonne strahlte von einem klaren blauen Himmel auf die Türme und Häuser der Stadt Mühlhausen. Mias hatte St. Marien schon in den Tagen vorher auf seinen Wegen durch die Stadt von außen bewundert. Was für ein imposanter Bau! Es fehlte nicht viel zu den Maßen des Regensburger Domes. Nun betrat er an Henrichs Seite das Innere des Gotteshauses. Sie setzten sich in eine der vorderen Reihen in der Nähe des Altars neben die Räte der Stadt. Dorothea war mit anderen Bürgertöchtern auf die gegenüberliegende Seite des Gestühls verschwunden. Mias sah sich verstohlen um. Die Sonne schien durch die großen Fenster und erhellte den schmucklosen Raum. Innen konnte diese Kirche mit dem Regensburger Dom nicht mithalten. Es gab kaum Bilder, keine Seitenaltäre, keine kostbaren Tücher. Der Blick wurde unwillkürlich von einem schlichten steinernen Altar angezogen, der direkt vor dem Gestühl aufgestellt war. Darauf standen sieben silberne Leuchter mit brennenden Kerzen. Das war schon alles.

Wollte Gott wirklich in solch einem prachtlosen, ja armseligen Haus wohnen?

Ein Glöcklein erklang. Von der Seite her kam ein junger Mann im schlichten schwarzen Umhang an den Altar. Er stellte sich mit dem Gesicht zur versammelten Gemeinde. Alle standen auf und sangen ein Lied. Mias kannte die Melodie. Er kannte auch den lateinischen Text, hier sangen die Menschen jedoch aus voller Kehle in deutscher Sprache. Die Bedeutung des Liedes war die gleiche.

Der junge Pfarrer legte hingebungsvoll einige Verse aus dem Brief des Paulus an die Epheser aus.

Ich ermahne euch, ein Leben zu führen, das des Rufes würdig ist, der an euch erging. Seid demütig, friedfertig und geduldig, ertragt einander in Liebe und bemüht euch, die Einheit des Geistes zu wahren durch den Frieden, der euch zusammenhält.

Zu jeder Ermahnung gab er ein Beispiel aus dem täglichen Leben. Die Predigt beeindruckte Mias, diese Worte waren nicht anhand der Schrift als fehlerhaft abzutun und in die Schatulle zu legen. Sie forderten zum Handeln heraus. Mias ahnte etwas von dem Feuer, das eine wahrhaftige Predigt in den Menschen entzünden konnte.

Als der Pfarrer die Hostie in die Höhe hob, sie der ganzen Gemeinde zeigte und auf Deutsch sprach: »Seht das Lamm Gottes, es nimmt hinweg die Sünden der Welt«, verstand Mias zum ersten Mal in seinem Leben den tieferen Sinn dieser Worte. Sie waren zu ihm gesprochen, zu ihm ganz persönlich.

Am Ende verabschiedete Pfarrer Kuntze jeden der Gottesdienstbesucher am Ausgang der Kirche in den Sonntag. Mias beschloss spontan, den jungen Prediger um ein Gespräch zu bitten. Vielleicht konnte der ihm sagen, wie es sich mit Ottilie Müntzer und dem totgeborenen Kind verhielt: ob sie auf ewig verloren waren oder noch Hoffnung auf Heil bestand. Darüber hatte er die letzten Tage oft gegrübelt.

»Wir können uns heute vor dem Nachtmahl treffen. Wollt Ihr nicht auf einen Besuch zu mir ins Pfarrhaus kommen?«, schlug Andreas Kuntze vor.

»Und – wie hat es Euch gefallen?«, wollte Dorothea beim Mittagsmahl von Mias wissen.

»Es war anders, als ich es mir vorgestellt habe.« Mias antwortete salomonisch.

»Besser oder schlechter?« Dorothea gab nicht so schnell auf. Henrich lächelte still vor sich hin.

»Besser – ich hätte nicht gedacht, dass es so einen Unterschied macht, wenn man Gottes Wort in seiner eigenen Sprache hört.«

»Ihr versteht ja Latein, aber denkt doch nur an alle, die es nicht können: Sie haben nie etwas verstanden in der papistischen Messe. Sie sind den Pfaffen hilflos ausgeliefert. Wie will man da Gottes Wort lieben lernen? Wie will man ihm folgen, wenn man die Schrift nicht versteht und liebt?« Dorothea war ganz offensichtlich eine feurige Anhängerin der Reformation.

»Und wisst Ihr, wem wir die erste Deutsch-Evangelische Messe zu verdanken haben? Thomas Müntzer.«

Mias zuckte zusammen. Er hatte den Ursprung dieses Werkes immer den Wittenbergern um Luther zugeordnet. Thomas Müntzer, der Erzteufel, hatte eine deutsche Messordnung verfasst?

Henrich beobachtete Mias Reaktion genau.

»Das wusste ich nicht.«

Henrich räusperte sich. »Hm, so ist das eben. Das böse Gerücht eilt um die Welt, das gute Werk bleibt meist im Verborgenen.«

Am Nachmittag band Mias auf Dorotheas Bitte hin die schweren Ranken der Kletterrosen hoch. Er hatte sein Hemd ausgezogen. Man sah deutlich die Muskeln an seinen braungebrannten Oberarmen und Schultern. Dieser junge Mann konnte arbeiten, erkannte Henrich zufrieden von seinem Platz unter dem Apfelbaum aus. Dorothea saß mit einer Stickerei neben ihrem Vater, aber kam nicht recht voran damit. Ihr bewundernder Blick wanderte immer wieder zu Mias, der die Ranken geschickt an dem Holzgitter befestigte, ohne dabei den Rosen zu schaden, die noch in voller Blüte standen.

»Wenn der Caspar wie Matthias wäre, würde ich ihn mit Freuden zum Gemahl nehmen«, sagte sie leise vor sich hin. Henrich Rothmann hüstelte.

Das Pfarrhaus stand genau gegenüber dem Eingang von St. Marien. Ein fester Steinbau mit einem aufgesetzten Obergeschoss aus Fachwerk. So sahen die meisten Häuser in Mühlhausen aus. Die Tür war offen, Mias trat in den angenehm kühlen Flur. Andreas Kuntze kam aus einem Zimmer. Er war so groß, dass er sich unter dem Türstock bücken musste. »Gott zum Gruß, tretet ein.«

»Ich danke Euch, dass Ihr mir die Zeit gewährt.«

Die beiden Männer setzten sich an den Tisch. Ein Krug Most mit zwei Bechern stand bereit. Die Männer musterten einander schweigend. Der Pfarrer war einfach, aber sauber gekleidet. Das dunkle Haar trug er kurz, eine widerspenstige Locke fiel ihm in die Stirn. Sein bartloses Gesicht strahlte eine große Offenheit und Freundlichkeit aus. Dies gab Kuntze etwas Knabenhaftes, Reines, das ihn auf den ersten Blick viel jünger erscheinen ließ. Mias hatte ihn gleichaltrig geschätzt, aber bei Nähe betrachtet, war der Prediger deutlich älter.

»Nun, was führt Euch zu mir?«

Mias hatte sich die Worte schon zurechtgelegt und schilderte den Fall, ohne Zusammenhang, Namen oder Orte zu nennen.

»Eines kann ich Euch mit Gewissheit sagen: Ein Ablassbrief wird nichts helfen.« Kuntze stand auf und holte ein großes Buch, die Heilige Schrift.

»Gerechtfertigt wird man nur durch Glauben. Sündenvergebung erhält man durch Buße, Umkehr und das Blut Christi. Wie es um das Seelenheil eines Menschen steht, ist nur Gott selbst bekannt. Das gilt für die Mutter.«

»Und das Kind?«

»In den Psalmen heißt es hier im 139.:

Deine Augen sahen, wie ich entstand, in deinem Buch war schon alles verzeichnet, meine Tage waren schon gebildet, als noch keiner von ihnen da war und Jesus sagt:

lasst die Kinder zu mir kommen, denn ihrer ist das Himmelreich.

Ich deute es so, dass das Kind jetzt bei Gott ist.«

»Auch, wenn es nicht getauft ist?«

»Die Taufe ist nicht wichtiger als Gottes Gnade und Barmherzigkeit. So deute ich es.«

Mias seufzte und schwieg.

»In Euch tobt die Ungewissheit, ob diese Lehre richtig ist, nicht wahr? Ich gebe Euch einen Rat: Prüft es selber in der Schrift und bittet den Heiligen Geist, dass er Euch dabei helfen möge. Auch ich werde für Euch um Erkenntnis beten.«

In der folgenden Stunde wollte Andreas Kuntze mehr über Mias, seine Familie in Regensburg und das Studium in Heidelberg wissen. Er selber hatte in Wittenberg studiert, Martinus Luther und Philipp Melanchthon als Lehrer gehabt. So verschieden Andreas und Mias waren, es gab etwas tiefer Liegendes, etwas das sie verband, etwas, das Grundlage für eine Freundschaft sein konnte. Das spürten sie beide und gingen wie selbstverständlich zum vertraulichen »Du« über.

Beim Abschied fragte Mias: »In diesem Haus hat doch Thomas Müntzer gelebt. Ist es nicht wunderlich für dich, in den gleichen Räumen zu wohnen?«

Andreas lächelte. »Was weißt du über Thomas Müntzer?«

Mias zuckte mit den Schultern. »Was meine Heidelberger Professoren über ihn gewettert haben, was man in den Gassen so hört.«

»Dann weißt du nicht viel. Vor allem nicht viel Wahres.« Der Pfarrer nahm ein Büchlein von der Truhe. »Hier, lies darin. Dieses unschätzbare Werk hat uns Müntzer hinterlassen. Ich mache es dir zum Geschenk. Wollen wir unser Gespräch nicht fortsetzen? Du bist mir jederzeit willkommen.«

Auf dem Heimweg dachte Mias, dass es mit Andreas ein wenig wie mit Michel zu Beginn ihrer Freundschaft war. Dass er sich mit einem lutherischen Pfarrer anfreunden würde, hätte er vor ein paar Wochen nicht für möglich gehalten.

Wie hatte Vater gesagt: Hör zu, denk nach und bilde dir selber ein Urteil. Wohlan, es war an der Zeit, die reformatorische Seite zu Wort kommen zu lassen. Das Büchlein in seiner Hand hieß »Die Deutsch-Evangelische Messe von Thomas Müntzer«. Hinten war noch eine schmale Handschrift lose eingelegt: Das Prager Manifest.

Eine unsichtbare Spannung lag am Morgen des 31. August 1545 über der Stadt Mühlhausen. Der Prozess sollte an diesem Tag beginnen. Von seinem Ausgang hing Wohl oder Wehe etlicher Bürger ab. Die einzigen, denen der Urteilsspruch gleich sein konnte, waren die vielen Armen. Ihnen konnte man nichts mehr wegnehmen.

Mias erwachte schon kurz nach Sonnenaufgang. Er war aufgeregt, denn er hatte noch nie bei Gericht Protokoll geführt. Mehr als rechtzeitig traf er im Rathaus ein. Doktor Kornmann war schon anwesend, ebenso der Kaiserliche Kommissar Caspar Borner und der Anwalt der Mühlhausener Hermann vom Reise mit seinem Schreiber. Mias bekam einen Platz zugewiesen, dazu Tinte, Feder und Papier. Von dort aus konnte er das Geschehen gut beobachten. Die Verhandlung begann mit den üblichen Eingaben um nachträgliche Zulassung von Zeugen, Vorwürfen von Formfehlern bei der Ladung und einem rhetorischen Schlagabtausch zwischen den Anwälten. Mias kam mit dem Protokoll gut zurecht und entspannte sich langsam. Dann kam ein Verhandlungsteil, in dem die Schreiber die Feder auf die Seite legen konnten, da die Schriftstücke bereits existierten: Die Anwälte verlasen die Anklagepunkte. Aus ihnen erfuhr der staunende Mias, wie viel Zerstörung, Raub und Mord durch das Bauernheer über die Klöster und Gemeinden im Eichsfeld gekommen waren. Er hörte aber auch, wie unbarmherzig die Siegerpartei darauf an den Mühlhausener Dörfern Rache genommen hatte.

Mias wurde Zeuge, wie der Abt von Reifenstein der Vernehmung entging, indem er sich ganz einfach weigerte, einem weltlichen Gericht einen Eid abzulegen. Er sei nur der geistlichen Obrigkeit und Gott verpflichtet.

Auch Cuntz Gutjahr, der Vogt vom Rusteberg, ein Kurmainzer Vasall, ersuchte darum, von der Vernehmung entbunden zu werden. Schließlich habe er ja dem Kurfürsten einen Amtseid geleistet und könne nun nicht gegen seinen Herrn aussagen. Damit wurde das Gericht jedoch schnell fertig: Sie entbanden den Vogt kurzerhand von seinem Amtseid und so musste er als Zeuge zur Verfügung stehen.

Offenbar wollte niemand gerne über die schon zwanzig Jahre zurückliegenden Ereignisse als Zeuge befragt werden.

Nach einer kurzen Pause am Nachmittag wechselte das Gericht in die St.-Blasius-Kirche über. Dort fand die Zeugenbefragung statt. Mias schrieb und schrieb. Er hörte, was gesagt wurde, brachte es zu Papier, darüber nachsinnen konnte er erst später. Als er Doktor Kornmann am späten Abend einen großen Stapel Blätter überreichte, schmerzte ihn die rechte Hand. Er erhielt seinen Lohn, damit war sein Dienst als Schreiber beendet.

Beim Nachtmahl war Mias müde, hungrig und schweigsam. Dorothea bemerkte, dass Mias die Grütze mit der Linken löffelte. Die Schmerzen in der rechten Hand hatten noch zugenommen.

»Ich mach' Euch gleich nach dem Mahl einen Arnikawickel. Dann ist es morgen bestimmt wieder gut.«

Zuerst musste Mias seinen Arm bis zum Ellenbogen in einen Bottich mit kaltem Wasser stecken. Das tat wohl. Dorothea trocknete seinen Arm ab, nahm erwärmtes Schweinefett und rieb es vorsichtig mit der Fingerspitze auf Mias rechtes Handgelenk. Obwohl seine Hautnerven durch die Kälte betäubt waren, ging ihm die zarte Berührung durch und durch. Im flackernden Kerzenlicht erschien ihm Dorothea wunderschön. Ja, solch eine Frau wollte er einmal ehelichen. Eine kluge Frau, die kochen und der man sein Herz öffnen konnte. Eine, die sich mit Heilkräutern auskannte. Jetzt strich sie noch einen Blütenbrei auf und verband das Ganze geschickt mit einem Leinentuch. Mias fasste nach ihrer Hand. »Ich danke dir, Dorothea, du bist so … liebenswürdig«, sagte er leise. »Du auch, Matthias«, flüsterte sie und drückte seine Hand zärtlich. Die beiden jungen Leute blickten sich tief in die Augen.

Schritte näherten sich, Dorothea stand schnell auf. »Gute Nacht, morgen früh wechseln wir den Verband.« Schon war sie um die Ecke verschwunden. Henrich blickte in die Küche.

»Meine Tochter ist eine gute Kräuterkundige. Das hat sie von ihrer Mutter. Du wirst sehen.«

Mias schlief schlecht. Plündernde Horden ritten durch seine Träume, dann stand er mit Dorothea auf einem Turm. Er wollte sie davon abhalten, sich hinunter zu stürzen, aber Caspar Künemund stellte sich ihm entgegen. Er kam einfach nicht an dem dicken Mann vorbei.

Mit rasendem Herzklopfen wachte er auf. Hatte er geschrien? Es war noch dunkel draußen. Was für ein Traum! Nach einer Weile gelang es Mias, noch einmal in den Schlaf zu finden, und dann schlummerte er friedlich bis tief in den Vormittag hinein.

Dorothea war mit Bärbel auf den Markt gegangen. Der Verbandwechsel musste warten. Nur Henrich saß im Speisezimmer und rief Mias zu sich hinein.

»Ich weiß, du darfst nicht darüber sprechen, was die Zeugen ausgesagt haben. Aber welchen Eindruck hast du insgesamt von diesem Prozess gewonnen?«

Mias kaute auf seiner Oberlippe und überlegte.

»Die Wahrheit ist nur dem kaiserlichen Kommissar wichtig. Den anderen geht es darum, Schuld miteinander in Gulden aufzurechnen, so dass die eigene Partei möglichst wenig zahlen muss. Gelogen haben die Zeugen vielleicht nicht, aber bestimmt nicht die ganze Wahrheit gesagt. Das ist mein Eindruck.«

»Du hast gut beobachtet, Matthias. Hast du auch etwas über Müntzer und seine Getreuen gelernt?«

Matthias entfuhr ein zorniges Schnauben.

»In Mühlhausen gab es keine Getreuen, das war alles fremdes Volk«, spottete Mias. »Die hiesigen Bürger wurden alle gezwungen, dem Bauernhaufen zu helfen, sie konnten nichts dafür. Pfeiffer und Müntzer sind an allem schuld und natürlich das viele fremde Volk, das ihnen anhing. Niemand weiß etwas, niemand erinnert sich, niemand will es gewesen sein.«

»Wundert dich das?«

»Im Grunde nicht. Aber es ärgert mich. Wie kann man alle Schuld auf zwei Männer abwälzen wollen?«

»Das ist das Los der Besiegten, sie taugen zum Sündenbock.«

»Aber so hat es sich doch nicht zugetragen, oder? Henrich, Ihr kennt die Wahrheit, Ihr habt es erlebt!«

Henrich Rothmann nahm einen Schluck aus dem Becher vor ihm und musterte Mias nachdenklich. »Hm, das ist eine lange, verworrene Geschichte und was ich dir erzählen kann, ist auch nur meine Seite der Wahrheit. Aber ich will es ein andermal tun. Jetzt muss ich zum Rathaus, die Ratsversammlung tagt heute. Im Übrigen – vielleicht habe ich bald einen neuen Posten in der Stadtkämmerei für dich. Du kannst doch auch rechnen – nicht nur schreiben?«

Die beiden Männer lachten. Mias erfasste eine Woge von Gefühlen für Henrich, die er bisher nur seinem Vater gegenüber empfunden hatte. Eine Mischung aus Respekt und tiefer Zuneigung.

»Aber nun muss erst einmal deine Hand wieder heil werden, damit du eine Feder halten kannst. Dorothea ist sicher bald wieder zurück. Wie willst du den Tag heute verbringen?«

»Ich werde lesen. Andreas Kuntze hat mir eine Schrift ausgeliehen. Das Prager Manifest.«

Henrich hob die Augenbrauen. »Das Prager Manifest, soso. Denk an meinen Rat: Hänge deine Neugier für Müntzer nicht an die große Glocke. Wenn du es gelesen hast, können wir ja darüber disputieren.«

»Ihr kennt diese Schrift? Ich dachte, Ihr seid ein Anhänger Luthers«, fragte Mias erstaunt.

»Und ich dachte, du bist ein Anhänger Roms. Wer von uns beiden hat nun weniger Grund, das Prager Manifest zu kennen?« Aus Henrichs hellen Augen blitzte der Schalk.

Zur gleichen Zeit bürstete Rosina Baumgart ihr langes, schwarzes Haar. Caspar saß auf einem Hocker vor dem Schachspiel und dachte nach. Seine Hose spannte über dem Bauch, Schweißperlen standen ihm auf Stirn und Oberlippe. Schön anzusehen ist er ja nicht gerade, dachte Rosina, aber ein guter Liebhaber.

»Die Verhandlung bringt uns weder Vor- noch Nachteil. Der Kommissar besteht darauf, die Zeugen, die gestern nicht erschienen sind, noch zu befragen. Dann wird es eine Ewigkeit dauern bis zum Urteil. Hermann vom Reise meint, es läuft auf einen Vergleich hinaus.«

»Was ist unser nächster Schachzug?«

»Bevor wir uns an die Dame und den König machen, müssen wir den Läufer und den Turm aus dem Weg schaffen.«

»Oh ja, den Turm zuerst.« Rosina setzte sich auf Caspars Schoß, der Hocker ächzte unter dem Gewicht.

»Dachte ich mir, mein Herzchen, das gefällt dir.«

»Er hat deinen Vater auf dem Gewissen, der Verräter. Jedes Mal, wenn ich ihn durch die Gassen laufen sehe, den ehrbaren Herrn, könnte ich ihm den Dolch zwischen die Rippen treiben«, zischte Rosina.

»Aber nicht doch, wir machen unsere Hände nicht blutig, wir benutzen unseren Kopf. Am Sonntag habe ich diesen Regensburger Schreiberling aus Andreas Kuntzes Haus kommen sehen. Die beiden haben sich recht freundlich verabschiedet. Vielleicht lässt sich daraus ein geschickter Spielzug knüpfen. Ich werde dem Kuntze bei Gelegenheit mal ein bisschen Feuer unterm Hintern machen.«

»Ach Caspar, du bist so klug«, gurrte Rosina.

Mias saß mit frisch verbundenem Handgelenk auf dem Stuhl am Fenster seiner Kammer. Eigentlich schmerzte die Hand fast nicht mehr, aber Dorothea hatte auf einer weiteren Behandlung bestanden. »Sonst kehrt der Schmerz gleich zurück.«

Mias ließ es sich gerne gefallen. Dorotheas Berührungen gingen ihm wieder durch und durch. Heute werkelte jedoch die Küchenmagd neben ihnen herum und so stellte sich die vertrauliche Stimmung des vorigen Abends nicht ein.

Mias legte die kleine Schrift auf das Fensterbrett. Nun würde er in die Gedankenwelt Thomas Müntzers eintauchen. Die Deutsch-Evangelische Messe hatte er schon am Abend vor dem Prozess gelesen. Wie er sich auch bemühte: Er konnte nichts Falsches darin finden. Im Gegenteil, die Worte und Lieder hatten ihn zutiefst angerührt. Viele davon hatte er ja schon oft gehört, auf Lateinisch. Er hatte sie wohl übersetzen können, dann waren sie in seinem Kopf stecken geblieben. Sein Inneres hatten sie bisher jedoch nicht berührt. Müntzers deutsche Übertragung sprach jedoch direkt zu seinem Herzen.

Wie passte dieses Messbuch zu einem Mann, der in Verruf stand, vom Bösen besessen gewesen zu sein? Nein, das ergab keinen Sinn.

Mias erinnerte sich an den Rat, den Andreas Kuntze ihm gegeben hatte. Bevor er mit dem Lesen begann, kniete er sich auf den Boden und bekreuzigte sich. »Gott, Vater im Himmel, steh' mir bei und gib mir Weisheit. Lass mich deine Wege erkennen und bewahre mich vor Irrglauben und Ketzerei. Amen.«

Danach fing er an zu lesen.

In der Ratsversammlung ging es hoch her. Herzog Moritz von Sachsen hatte die jährliche Sühnezahlung der Stadt Mühlhausen mit einem bösen Drohbrief angemahnt.

»Wir haben es geschworen, also müssen wir zahlen. Rothmann, wie sieht es in der Kasse aus?«, wetterte der zweite Bürgermeister.

Henrich stand auf. »Die Dörfer haben ihren Teil noch nicht geleistet. Die Ernte ist gerade erst vorüber. Wir können nichts bezahlen, selbst wenn wir wollten.«

»Jedes Jahr fordern die Fürsten das Geld eher. Könnten wir wieder Freie Reichstadt sein, dann wäre Schluss mit der Auspresserei«, brummte einer der alten Räte.

»Gut gesprochen, Meister Fleischhauer. Aber der Kaiser hängt Rom treu an, meint Ihr, er mag eine lutherische Freie Reichsstadt am Hals haben?«

»Genau das ist es ja. Müssen wir denn alle reformatorisch sein?«

Die Räte murmelten zornig durcheinander. Noch gab es unter der wohlhabenden Bürgerschaft und den Stadträten etliche, die der römisch-katholischen Kirche anhingen. Die lutherische Fraktion hatte sie jedoch in den letzten Jahren immer weiter an den Rand gedrängt. Die katholische Messe wurde nur noch in St. Blasius gelesen.

Daniel Führer, der erste Bürgermeister, klopfte laut auf den Tisch. »Ruhe, bewahrt doch Ruhe. Was antworten wir Herzog Moritz? Magister Rothmann, was schlagt Ihr vor?«

Henrich stand wieder auf. »Die Wahrheit: dass wir erst Zahlung leisten können, wenn wir das Geld von den Dörfern haben.«

»Uns presst er aus, der katholische Hund, nur damit er einen Krieg gegen unsere lutherischen Brüder führen kann«, rief einer der jungen Räte zornig.

»Wärt ihr nicht vom Glauben abgefallen und hättet die Bauern zum Aufstand angestachelt, so lebten wir heute besser«, kam sofort die Antwort aus der katholischen Ecke.

Wieder gab es einen großen Tumult im Rathaussaal. »Haltet ein!«, Daniel Führers laute Stimme hallte durch das Gewölbe, »es ist doch immer das Gleiche. Dieser Streit nutzt unserer Stadt nichts«. Er wechselte einen Blick mit Henrich Rothmann. »Glauben wir denn nicht alle an den gleichen Gott Vater, Sohn und Heiligen Geist? Wir führen uns auf wie die schlimmsten Heiden!«

»Darum geht es doch schon lange nicht mehr«, brummte der alte Rat Fleischhauer. »Es geht doch nur um Einfluss und Geld. Im Großen wie im Kleinen. Und wir werden zwischen den Mühlsteinen der Mächtigen zerrieben.«

Henrich nickte dem alten weißhaarigen Fleischhauer zu. Es wurde immer schwieriger im Rat, zum Wohl der Stadt zu regieren. Die auf Ausgleich bedachten Männer beider Glaubensrichtungen mussten endlich eine Lösung finden. Darüber sollten sie unbedingt bei ihrem nächsten geheimen Treffen sprechen. Aber lag das noch in ihrer Hand? Das wusste nur Gott.

Andreas und Mias machten an diesem schönen Spätsommernachmittag einen Spaziergang außerhalb der Stadtmauer. Sie disputierten fröhlich miteinander über die Vor- und Nachteile der Ehelosigkeit. Und wenn man schon ein Weib nahm, was für eines es dann sein sollte.

»Ich wüsste schon eine«, seufzte Mias, »aber ich weiß nicht recht, wie ich es anstellen soll.«

»Eine Regensburgerin?«

»Versprich mir, mich nicht zu verraten?«

»Ich schweige still wie ein Grab.«

»Dorothea Rothmann.«

»Oha, da kommst du dem Caspar Künemund in die Quere. Mit dem ist nicht zu spaßen, wenn der sich etwas in den Kopf gesetzt hat.«

»Dorothea will ihn nicht.«

»Ich dachte immer, sie sind so gut wie verlobt, so wie der Künemund tut.«

»Nein, das sind sie nicht. Gott sei Dank. Und du, Andreas? Hast du auch eine im Sinn?«

»Nein, ich glaube, mir ist es bestimmt, ehelos zu bleiben.«

Die Männer keuchten wortlos einen Hügel hinauf. Oben drehten sie sich um. Die Stadt mit ihren vielen Kirchtürmen umgeben von der Stadtmauer lag vor ihnen.

Andreas wies auf einen kleinen ausgetretenen Pfad, der rechts bis auf die Spitze des Hügels führte und dort endete.

»Den Hügel nennt man den Reißenden Berg. Hier haben sie Müntzers Kopf auf eine Stange gespießt und ihn für alle zur abschreckenden Schande gemacht.«

Sie waren still. Mias schloss die Augen. Die Grillen zirpten, ein leichter Wind strich über sein Gesicht. Die spätsommerliche Sonne wärmte sanft seinen Rücken. Es roch nach Erde und Herbst. Ein schmerzender Ring legte sich um Mias Brust, eine Träne quoll unter seinen geschlossenen Lidern hervor und rollte die Wange hinunter in seinen Bart. Er wischte sie verstohlen weg und schluckte.

»Gerecht war das nicht«, flüsterte Mias.

»Es gibt noch mehr Leut', die so fühlen.« Andreas deutete auf den ausgetretenen Fußpfad. »Sie kommen hierher, um seiner zu gedenken und für ihn zu beten.«

In Gedanken versunken, gingen sie schweigend miteinander den Weg zurück zur Stadt.

Vor dem Rothmannschen Haus blieben sie stehen. Andreas schaute sich um. Niemand war in der Gasse zu sehen, auch nicht in den Fenstern der Häuser. Trotzdem sprach er so leise, dass Mias ihn gerade noch verstehen konnte.

»Matthias, wenn du mehr wissen willst über das geistgegebene lautere Evangelium, so komm morgen Abend auf die siebte Stunde zu mir ins Pfarrhaus. Dort wirst du andere Getreue treffen. Ich bitte dich, behalte es für dich, sprich mit niemand darüber. Auch nicht mit Henrich oder Dorothea Rothmann.«

»Ich verspreche es. Ich werde kommen.« Mias umarmte Andreas herzlich.

»So leb wohl, auf bald«, rief Andreas fröhlich und bog winkend um die Ecke.

Später am Abend erhielt Mias noch eine weitere Einladung.

»Am Samstag ist ein großes Festmahl mit Tanz zum Erntedank. Wollt Ihr nicht Vater und mich begleiten?« Dorotheas Frage klang erwartungsvoll.

Henrich nickte. »Dort kannst du die Bekanntschaft von vielen Ratsherrn und Bürgern der Stadt machen. Außerdem mit den schönsten Mädchen tanzen.«

»Ich will nur mit dir tanzen«, dachte Mias und sah zu Dorothea hinüber. Diese errötete. Hatte sie seine Gedanken gelesen?

Mias zählte das Geld in seinem Beutel. Er hatte zusätzlich noch den Schreiberlohn, das müsste eigentlich reichen. Für ein Festmahl in hohen Kreisen war seine Kleidung nicht fein genug.

Am nächsten Tag erstand er neue Stiefel, eine Hose, Hemd und ein blaues Wams. Alles passte wie angegossen. Das war ein Glücksfall. Normalerweise wurden solch festliche Gewänder den Käufern auf den Leib geschneidert und das brauchte seine Zeit. Für den Schneider war es auch eine glückliche Fügung, denn nun wurde er endlich die Ware los, die er für einen jungen Adligen aus der Umgebung gefertigt und die dieser nie abgeholt hatte.

Abends zur siebenten Stunde klopfte Mias an die Tür des Pfarrhauses von St. Marien. Die dunkle Gestalt hinter der Hecke gegenüber, die ihn dabei beobachtete, war ihm nicht aufgefallen.

Andreas führte ihn in einen Raum im Keller. Um einen großen Holztisch saßen mehrere Frauen und Männer. In der Mitte des Tisches befand sich ein großer Leuchter. Flackerndes Kerzenlicht und der Geruch nach Weihrauch und Wachs erfüllten den Raum. Neben dem Leuchter standen auf einem Tuch ein Kelch und ein Körbchen, beides leer.

Erwartungsvolle Stille lag in der Luft.

»Das ist Matthias Kerner aus Regensburg. Er möchte das geisterfüllte lautere Evangelium kennenlernen.« Andreas bot ihm einen Platz neben sich in der Runde an.

Ein Mann beugte sich vor. Er war wie ein einfacher Bauer gekleidet, hatte kein Haar mehr auf dem Haupt und nur noch zwei Schneidezähne im Unterkiefer.

»Nun, so wollen wir ihn lehren. Nenn mich Hans. Ich bin der Älteste in der Runde und habe für Gottes Sache in Frankenhausen gekämpft. Das ist Marie, mein Weib.« Die alte Frau neben ihm nickte Mias zu. Auch Barthel auf der anderen Seite des Tisches gehörte zu den Getreuen, die Müntzer noch leibhaftig erlebt hatten. Die anderen Mitglieder der Runde waren jünger. Alles einfache Leute, Bauern und Handwerker.

»So lasst uns beginnen im Namen des Vaters, des Sohnes und des Heiligen Geistes.« Andreas schlug die Heilige Schrift auf. Er nahm ein lose eingelegtes handbeschriebenes Papier heraus.

»Ich lese uns aus dem Brief, den Paulus den Römern geschrieben hat, im 8. Kapitel ab dem 12. Vers:

Wir sind also nicht dem Fleisch verpflichtet, Brüder und Schwestern, so dass wir nach dem Fleisch leben müssten. Wenn ihr nach dem Fleisch lebt, müsst ihr sterben. Wenn ihr aber durch den Geist die sündigen Taten des Leibes tötet, werdet ihr leben. Denn alle, die sich vom Geist Gottes leiten lassen, sind Gottes Kinder. Denn ihr habt nicht einen Geist empfangen, der euch zu Sklaven macht, so dass ihr euch immer noch fürchten müsstet, sondern ihr habt den Geist empfangen, der euch zu Söhnen und Töchtern macht, den Geist, in dem wir rufen: »Abba, Vater!« So bezeugt der Geist selber unserem Geist, dass wir Kinder Gottes sind.

Der Prediger las den Text zweimal langsam Satz für Satz. Obwohl Mias wusste, dass er diesen Text in seiner Vulgata schon selbst gelesen hatte – in lateinischer Sprache –, kam ihm der Inhalt nun vollkommen neu vor. Andreas hatte ihn vortrefflich übersetzt.

Alle in der Runde schwiegen. Nach einer Weile ergriff Barthel das Wort. »Der Geist Gottes hat mich aus der Sklaverei befreit. Auch wenn die Obrigkeit mich noch knechtet, vor Gott bin ich ein freier Mann.«

Eine junge Frau namens Klara schloss sich an: »Ich merke, dass ich immer noch dem Fleisch und der Sünde folge. Ich will es nicht, Gott vergib und steh' mir bei.« Rundum legte jeder aus, was diese Schriftstelle für ihn und sein Leben gerade bedeutete. Schließlich blieb nur noch Mias übrig. Er hatte die Reden gebannt verfolgt. Wie tiefsinnig diese einfachen Leute über den Brief des Paulus sprachen!

»Verzeiht mir, ich weiß nicht, was ich sagen soll.« Mias war verlegen.

»Gibt es einen Vers, der dein Herz besonders bewegt hat?«, wollte Andreas wissen.

Ja, den gab es. Mias gab zu, dass noch nie jemand seinem Geist wirklich bezeugt hätte, dass er Gottes Kind sei.

»Nun, so hast du die Taufe im Heiligen Geist noch nicht erfahren.«

»Ich habe doch als Knabe das Sakrament der Taufe erhalten«, wunderte sich Mias. Wahrscheinlich sogar doppelt, dachte er.

»Das haben wir auch alle. Die Taufe im Geist ist etwas anderes«, erklärte Hans.

»Die Apostel haben sie damals an Pfingsten erfahren und du kannst sie heute erleben, wenn du dafür bereit bist.«

Mias erinnerte sich, wie einer seiner Professoren widerlegt hatte, dass der Heilige Geist auf jeden Christenmenschen ausgegossen würde. Deshalb könne es auch heute keine Propheten mehr geben. Die Begründung fiel Mias nicht mehr ein, er hatte sie allerdings schon damals nicht verstanden.

»Der Glaube muss sich im Leben zeigen und beweisen, sonst sind es nur gedichtete Worte in einem Buch. Gott spricht auch heute noch zu seinen Freunden, sonst wäre er kein lebendiger Gott. Das tut er durch die Stimme des Heiligen Geistes in uns«, erklärte Andreas.

»Und ich könnte den Heiligen Geist erfahren – wie die Apostel?«

»Wenn du bereit bist: ja.«

»Was heißt bereit?«

»Glaubst du, dass Jesus Christus, der Sohn Gottes, für deine Sünden am Kreuz gestorben und am dritten Tage von den Toten auferstanden ist? Glaubst du, dass er von dort wiederkommen wird, um die Lebenden und Toten zu richten?«

»Ja, das spricht man alles im Credo, im Bekenntnis des Glaubens.«

»Sprichst du es nur oder glaubst du es auch und bekennst es mit deinem Mund?«

Mias überlegte. Glaubte er daran? »Ich will daran glauben und bekennen.«

»Dann bist du bereit. Knie dich hier auf den Boden.« Andreas und die Getreuen standen auf und bildeten einen Kreis um den knieenden Mias. Sie hoben alle die Hände. Andreas legte seine Rechte auf Mias Kopf und betete. »Gott, unser Vater im Himmel, wir danken dir für deine große Gnade. Wir machen uns eins und bitten in Jesu Christi Namen: Gieße deinen Heiligen Geist aus über deinen Sohn Matthias, auf dass er ihn ganz und gar erfülle.«

Mias war, wie wenn von Andreas' Hand aus eine Hitze seinen Körper durchströmte. Ein brennendes Feuer, das sein Herz in unaussprechliches Jauchzen versetzte.

»Ich sehe die Salbung vom Himmel fließen«, rief die alte Marie, »du wirst erkennen, bekennen und Gottes Willen auf Erden tun.«

»Ich sehe, der Geist des Jeremia ist in dir«, prophezeite Andreas. Mias erschauderte.

Noch einen Moment stand die Gruppe schweigend im Kreis, dann war es vorüber.

Mias rappelte sich auf. Ihm war ein wenig schwindelig, aber leicht und froh ums Herz.

Zum Abschluss der Zusammenkunft sangen sie noch einen Choral und Andreas sprach den Segen über der Gruppe.

Zuletzt stand er noch alleine mit dem Prediger im Gewölbe.

»Sprich mit keinem über dieses Treffen, hörst du?«, ermahnte ihn Andreas nochmals, »die unverständigen Mühlhausener könnten uns sonst leicht für Ketzer halten. Vor ein paar Jahren haben sie Anhänger der Wiedertäufer jämmerlich ersäuft. Diese Menschen haben nichts Unrechtes getan, nur ihren Glauben bezeugt. Genau wie wir.«

»Eure Lehre ist aber nicht rein nach Martin Luther? Du bist doch lutherischer Pfarrer?«

»In manchen Dingen hatte Müntzer mehr recht als Luther und da will ich auf ihn hören«, war Andreas' trockene Antwort. »Du wirst das noch verstehen. Ach, Matthias, ich freue mich, dass wir jetzt wahre Brüder im Geiste sind. Komm, ich zeige dir etwas.«

Mias folgte seinem Freund vorsichtig. Die Kerze erhellte den Gang nur notdürftig. Unter einer Treppe holte Andreas ein Tuchbündel aus einer Kiste. Er wickelte es vorsichtig aus und reichte Mias den Gegenstand.

»Weißt du, was das ist?«

Mias hatte keine Ahnung, was es mit diesem Ding auf sich hatte. Es war weder ein Schwert, dafür war es viel zu klein, noch eine Sichel, dafür war es nicht gebogen genug. Es sah aus wie ein Türkendolch. Der Griff schmiegte sich wie für ihn gemacht in seine Hand, die Klinge war scharf. An ihrem Rand erkannte Mias eingravierte Schriften. Er ließ die Waffe ein paar Mal geübt durch die Luft zischen. Ein tödliches Kunstwerk.

»So etwas habe ich noch nie gesehen. Was hat es damit auf sich?«

»Mit dieser Waffe ist Thomas Müntzer in die Schlacht gezogen. Wir nennen sie das Schwert Gideons. Es ist hier versteckt, bis die Zeit erfüllt ist und Gott die Getreuen zur Ernte ruft.«

Mias verließ das Pfarrhaus durch einen Nebeneingang und lief durch die Nacht zurück zu seiner Wohnstatt. Sein Inneres war aufgewühlt, eine große Glückseligkeit hatte von ihm Besitz ergriffen.

»Du bist ein Kind Gottes und darfst ihn ›Abba, lieber Vater‹ rufen«, sagte eine zarte leise Stimme in ihm kurz vor dem Einschlafen im Morgengrauen.

»Du hast gesehen, wie der Regensburger um die siebte Stunde ins Pfarrhaus geschlichen ist?« Caspar kaute am Daumennagel und überlegte. Der Bote wartete auf seinen Lohn. Den hatte er sich verdient, das war wahrhaftig eine gute Nachricht. Sie passte in Caspars Pläne. »Warte hier.« Der Gewürzhändler verschwand in den hinteren Teil des Lagers. Der Bote stürzte sich auf die Krücke und entlastete ächzend sein schmerzendes Bein.

»Kaue diese Beeren, wenn dich das Reißen wieder plagt. Hier, dein Lohn.« Der Bote nahm Säcklein und Geldstück entgegen. Er wandte sich zur Tür.

»Zu niemand sonst ein Wort, hörst du?«, mahnte ihn Caspar.

Für das Erntedankfest war der Rathaussaal festlich geschmückt. Girlanden aus Sommerblumen lagen in der Mitte der langen Tafel, bunte Bänder hingen von der Decke. Die Familien der Ratsherren und Bürger der Stadt strömten hinein. Dorotheas Gewand war schlichter als die der anderen Bürgertöchter.

Doch die blaue Farbe und der Schnitt schmeichelten ihr. Um ihr langes, rotbraun glänzendes Haar beneidete sie so manche. Dorothea verriet niemand ihr geheimes Rezept: Der Glanz kam von einem Sud aus Rosskastanien, den sie mit ein wenig Bier vermischte. Mias zog ebenfalls neugierige Blicke auf sich. Das war also Henrichs Regensburger Gast.

»Was für ein schönes Paar, des Rothmanns Tochter und der Fremde«, flüsterte die Gattin des ersten Bürgermeisters ihrem Mann ins Ohr.

»Ist sie nicht mit dem Künemund verlobt?«

»Noch nicht.«

Der Bürgermeister war über allerhand Geschehnisse in Mühlhausen unterrichtet, über Herzensdinge jedoch nicht, das war seit jeher Frauensache.

Alle nahmen an einer langen Tafel Platz. Mias empfand es als große Ehre, zwischen Henrich und Dorothea zu sitzen. Ein ganzes Stück weiter unten hatte Caspar seinen Platz. Nur wer ihn gut kannte, bemerkte die Zornfalte über seiner Nasenwurzel, die so gar nicht zu seinem freundlichen Gesichtsausdruck passte.

Was suchte dieser Regensburger Kerl auf dem Festmahl? Auf dem Stuhl neben Dorothea? Noch dazu sah er heute nicht wie ein mickriger Schreiberling, sondern wie ein junger Adliger aus.

»Das Mahl fällt dieses Jahr etwas einfacher aus«, meinte Henrich, »die Zahlungen an den Herzog lassen nicht mehr viel übrig im Beutel.«

»Wie lange müssen die Mühlhausener denn noch bluten? Ihr zahlt doch schon fast zwanzig Jahre«, wunderte sich Mias.

»Das fragen wir uns auch«, brummte der alte Ratsherr Fleischhauer, der ihm gegenüber saß, »wenn wir wieder Freie Reichstadt sein könnten, wäre schnell Schluss damit.«

»Liebe Männer, lasst doch wenigstens heute die Arbeit ruhen. Heute wollen wir fröhlich sein«, bat die Ehefrau des Ratsherrn und hob ihr Glas. »Auf Euer aller Gesundheit.«

Nach dem Mahl spielten die Musikanten zum Tanz. In Regensburg blieben die alten Herrschaften und Ehepaare meistens sitzen und überließen der Jugend den Tanzboden. Hier in Mühlhausen war das anders. Sogar der bärbeißige alte Ratsherr reihte sich mit seiner Frau munter in den Reigen ein. Henrich und Mias saßen noch da. Caspar war schneller gewesen. Bevor sich Mias ein Herz fassen konnte, hatte er Dorothea schon aufgefordert.

»Hm, Matthias, da bleibt dir bloß noch Apollonia, die Bürgermeisterstochter. Sie freut sich bestimmt, wenn du sie aufforderst. Aber pass auf deine Füße auf und tröste dich damit, dass die Partnerin beim Reigen wechselt.« Henrich zwinkerte ihm aufmunternd zu. Apollonia saß einsam neben einer alten Matrone am Kopf der Tafel. Niemand wollte ein Mädchen mit vorstehenden Schneidezähnen, das zu allem Überfluss auch noch den Silberblick hatte, auffordern. Auch wenn sie die Tochter des Bürgermeisters war und eine gute Mitgift lockte.

»Meint Ihr wirklich?«

»Nur Mut, junger Mann.«

Mias stand auf, ging auf Apollonia zu, machte eine formvollendete Verbeugung und versuchte, sich nicht durch ihr Äußeres durcheinanderbringen zu lassen. »Darf ich um einen Tanz bitten?« Apollonia sprang auf, strahlte übers ganze Gesicht, was ihre Schneidezähne noch weiter vorstehen ließ, und hielt Mias ihre Hand hin. Der Rat, auf seine Füße zu achten, war gut. Apollonia tanzte zwar im Takt, kam aber durch ihren Sehfehler mehrmals aus dem Tritt. Nach einigen anderen Partnerinnen hatte Mias endlich Dorothea erreicht.

»Dir gefällt wohl Apollonia?« Meinte sie das jetzt ernst?

»Mir gefällt hier nur eine einzige«, flüsterte er, drückte ihre Hand zärtlich und tanzte zur nächsten Partnerin weiter. Über die Schulter ihres neuen Partners lächelte ihn Dorothea selig an. Mias Herz hüpfte. Beim nächsten Zusammentreffen flüsterte sie: »Mir gefällt hier auch nur ein einziger.«

»Caspar?«, hauchte Mias scherzend zurück.

Dorothea lachte laut auf.

In der Tanzpause setzten sie sich wieder an die Tafel und erfrischten sich mit Wein und Wasser.

Nach einer Weile kam Caspar auf sie zu. »Seid gegrüßt, Magister Rothmann. Jungfer Dorothea, darf ich Euch um den nächsten Tanz bitten?«

Die Spielleute machten sich gerade bereit.

»Der ist schon Matthias Kerner versprochen.« Dorothea hob entschuldigend die Hände. Mias verschluckte sich an seinem Wein und hustete. Caspar lief rot an, die Zornfalte trat noch deutlicher hervor.

»Nun gut«, stieß er zwischen den Zähnen hervor, drehte sich auf dem Absatz um und ging schnellen Schritts aus dem Saal. Viele Gäste sahen ihm verwundert nach und tuschelten miteinander. Mias führte Dorothea zum Tanz. Diesmal war es kein Reigen. Bei diesem Tanz blieb man vom ersten bis zum letzten Takt bei seiner Partnerin. Diesmal tanzten nur die jüngeren Leute. Alle – außer Apollonia.

»In Regensburg tanzen das eigentlich nur Verlobte und Jungvermählte miteinander.«

»In Mühlhausen auch.«

»Darum war Caspar so wütend. Er sieht in mir einen Nebenbuhler.«

»Dazu hat er gar kein Recht. Ich habe ihn nie ermuntert. Vater weiß genau, wie ich darüber denke.«

»Jetzt meinen alle im Saal, du wärst mit mir verlobt?«

»Wäre das so schlimm?«

»Nein, Dorothea. Es geht nur alles nicht so schnell. Ich muss mit meinen Eltern sprechen, bevor ich ein Verlöbnis eingehe. Wir wissen auch nicht, wie dein Vater darüber denkt.«

»Frag ihn doch.«

Sie tanzten schweigend weiter und genossen die Berührung ihrer Hände und die Nähe des anderen.

Die Spielleute kamen langsam zum Ende.

»Willst du auf mich warten, Dorothea? Ich brauche noch ein wenig Zeit.«

»So lange du willst, mein Herz gehört dir.«

Mias führte Dorothea unter den wohlwollenden Blicken der anderen Gäste zurück zu Henrich an die Tafel. Sein Inneres barst schier vor Glück.

Henrich stand auf.

»Es ist besser, wenn wir uns jetzt auf den Heimweg machen.«

Auch einige andere Festbesucher brachen auf. Apollonia schielte Mias traurig nach.

Dorothea lief am Arm ihres Vaters, Mias auf seiner anderen Seite. So, wie es sich geziemte.

»Lass uns noch ein Wort von Mann zu Mann sprechen, Matthias.« Henrich schloss die Tür der Stube hinter ihnen. Sie setzen sich einander gegenüber.

»Hm, ich bin zwar schon alt und etliche Jahre Witwer, aber ich sehe genau, was zwischen dir und Dorothea entbrannt ist.«

»Henrich, ich weiß, Ihr kennt mich noch nicht lange und meine Familie gar nicht. Hättet Ihr etwas dagegen, wenn ich um Dorothea freite?«

»Hm, nein, das habe ich nicht, Matthias. Aber hat sich der Grund, weswegen du nach Mühlhausen gekommen bist, schon erledigt? Meine Muhme schrieb, du wolltest hier etwas erforschen.«

»Nein, eigentlich bin ich damit noch nicht zum Ende gekommen«, meinte Mias nachdenklich. Hoffentlich würde ihn Henrich jetzt nicht fragen, nach was er suchte.

»Dann ist es das Beste, du kümmerst dich zuerst um diese Angelegenheit. Ich werde Caspar Künemund morgen sagen, dass er sich keine Hoffnungen mehr auf Dorothea machen soll. Sie nimmt ihn ja doch nicht, selbst wenn das mit euch beiden nichts werden sollte. Du musst erst mit deinen Eltern in Regensburg sprechen. Vielleicht haben sie ja schon eine andere Schwiegertochter im Sinn.«

»Meine Eltern werden bestimmt mit Dorothea einverstanden sein. Eure Tochter springt eher vom Turm, als dass sie Caspar oder einen anderen ungeliebten Mann heiratet.«

»Hat sie das gesagt? Sie wäre im Stande und tut es. Nun, Matthias, so sprich mich ab heute mit ›du‹ an und lass mich dein väterlicher Freund sein.« Die beiden umarmten sich herzlich.

»Hm, und noch etwas, mein Sohn: Ich kann mich doch darauf verlassen, dass du meine Tochter ehrbar behandelst?«

Mias wusste, was er meinte.

»Ich weiß mich zu beherrschen, Henrich, sei unbesorgt.«

»Hm, dir glaube ich das wohl. Aber du musst mit dem ungestümen Temperament meiner Tochter rechnen. Sei auf der Hut, solch heißes Blut könnte euch schnell zu etwas hinreißen.« Henrich lachte auf. »Ich war auch einmal jung und Dorothea kommt nach ihrer Mutter. Ich weiß, wovon ich spreche.«

Caspar schäumte vor Wut. Wie ein gefangenes Tier lief er in Rosinas Kammer auf und ab und knetete seine großen fleischigen Hände.

»Der ganze Saal hat über mich gelacht, Rosina. Dieses freche Weibsstück – bei mir ziert sie sich monatelang jungfräulich und diesem Fremden wirft sie sich gleich an den Hals. Diese Schmach werde ich ihr doppelt heimzahlen.« Er riss die schwarze Dame aus dem Schachspiel und schmetterte sie auf den Boden.

Rosina schwieg. Caspar erwartete auch gar keine Antwort, vor allem keine Widerrede.

Rosina tat das Mädchen leid. Was konnte Dorothea für die alten Geschichten? Genauso wenig, wie Rosina damals als junges Mädchen für die Entscheidung ihres Vaters konnte, als Bürgermeister im von Müntzer und Pfeiffer aufgestellten Ewigen Rat zu dienen. Sie musste allerdings die Folgen tragen: mit 14 Jahren einen fast dreimal so alten Handwerksmeister heiraten. Er war der Einzige, der bereit war, sie zu nehmen. Immerhin verarmte sie dadurch nicht. Rosina führte nach seinem Tod die Geschäfte mit Hilfe der Gesellen weiter und hatte heute ein gutes Auskommen. Ihr Vater war nach der Niederlage von Frankenhausen von den Siegerfürsten im eigenen Haus gefangen gehalten worden. Das hatte ihn zerbrochen. Er war nur einige Jahre danach gestorben, völlig vergrämt.

Im Grunde war es Rosina recht, dass Dorothea nicht auf Caspars Werben einging. Womöglich hätte Caspar das Mädchen tatsächlich geheiratet. Und was wäre dann aus ihr geworden? Ewige heimliche Geliebte?

»Komm, mein Liebster, ich bring dich auf bessere Gedanken.« Rosina schlang ihre Arme um den massigen Körper des Mannes und presste sich an ihn. Sie wusste, was Caspar in dieser Laune brauchte. Im Zorn war er ein besonders feuriger Liebhaber.

Der Weg zu seinem neuen Posten in der Kämmerei führte Mias über den großen Marktplatz. Dort hielten die Bauern der Umgebung und etliche Händler ihre Waren feil. Es herrschte lautes, buntes Treiben. Auf dem Heimweg drangen an diesem Tag Töne von Gesang und Laute in Mias Ohr. Ein fahrender Sänger hatte einen großen Haufen Zuhörer angelockt. Mias stellte sich dazu und lauschte den letzten Versen:

Sebastian Künemund sagt es ihm ins Gesicht
Dafür ward ihm sein Kopf abgehauen
Er musste seine Worte büßen
Denn er tat' die Fürsten verdrießen.

Zu Mühlhausen war ein gelehrter Mann
Herr Heinrich Pfeiffer war sein Nam'
Sein Leben musst er lassen
Bei Bolstedt auf der Straßen.

Es gab bei ihnen keine Barmherzigkeit
Gott gebe den Bösewichtern alles Leid
Der Teufel wird sie schänden
An ihrem letzten Ende!

Der uns das Liedlein gedichtet hat
Er ist des Mühlhausner Krieges satt
Ihm ist nicht wohl gelungen
Das sei denen von Mühlhausen gesungen!

Die Menge, vor allem Bauern und einfaches Volk, johlte und klatschte.

»Sing uns noch eins von den guten alten Liedern, Spielhansel!«, brüllte eine Frau von der anderen Seite der Menge. Der Musikant lachte und stimmte seine Laute. Mias blieb gespannt stehen. Im ersten Lied waren bekannte Namen vorgekommen. Hatte dieser Sebastian Künemund etwas mit Caspar zu tun?

Der erste Akkord erklang, das Gemurmel der Menschenmenge verebbte.

Thomas Müntzer war ein heiliger Mann,
er führt den Bund der Gerechten an.
Vor Frankenhausen wollten sie's wagen.
Drei Fürsten kamen mit ihren Heeren,
denen konnten die Tapf'ren nicht wehren.
Sechstausend wurden erschlagen.

Der Müntzer war zu Frankenhausen versteckt,
ein Schurk' hat ein böses Spiel ausgeheckt.
Hat Müntzer an die Landsknecht' verraten.
Die Fürsten haben's ihm sehr gelohnt,
sein Schurkenleben dafür geschont.
Er soll in der Hölle braten.

Den Müntzer haben sie hingericht',
widerrufen hat er sein' Lehre nicht.
Nur sein Sünd tat er bereuen.
Und wer der Verräter gewesen ist?
Ein ehrbar Mühlhausner voll Hinterlist!
Die Teufel soll'n ihn verbläuen.

Die Menschen pfiffen, johlten und reckten die Fäuste in die Luft. Mias sah Soldaten der Stadtwache aus der großen Gasse auf den Markt laufen. Sie kamen direkt auf die Menschentraube zu.

»Los, los, los, packt euch«, rief der Hauptmann. Schnell hatte sich der Haufen zerstreut. Mias ging ein paar Schritte weiter und beobachtete, wie der Hauptmann den Spielhansel lautstark vermahnte. Nachdem die Soldaten abgezogen und wieder die übliche Geschäftigkeit eingekehrt war, lief Mias zu dem Musiker hinüber. Dieser nahm gerade sein Bündel und hängte die Laute über die Schulter.

»Wartet, ich möcht' Euch etwas fragen.«

Spielhansel, ein alter Mann mit sonnengegerbtem Gesicht in armseliger und abgewetzter Kleidung, hielt inne. In seinen wachen dunklen Augen lag Spott.

»Nur zu, einfache Antworten kosten Euch einen Heller, schwierige drei.«

»Ist Euer Lied über Müntzer wahr oder eine Mär?«

Spielhansel lachte meckernd. »In meinen Liedern ist soviel Wahrheit, dass sie den hohen Herrn bös in den Ohren juckt. Ihr habt ja gerade die Stadtwachen gesehen. Diese Antwort kostet Euch nichts.«

»Wisst Ihr, wer Müntzers Verräter war?«

Spielhansel sah sich um, ob jemand ihr Gespräch belauschte. Doch die Menschen in der Nähe beachteten sie nicht.

»Seinen Namen kennen nur die Fürsten. Ich habe erfahren, dass es ein ehrbarer Mühlhausener Bürger war. Diese Antwort kostet Euch zwei Heller.«

Mias langte in seinen Beutel und drückte dem Spielhansel einige Geldstücke in die schmutzige Hand. »Ich danke Euch. Mir ist Euer Lied und die Antwort fünf Heller wert.«

Spielhansel sah Mias lange kopfschüttelnd nach. Dann griff er in sein Bündel, holte eine Beere heraus und schob sie langsam in den Mund. Sein wundes Bein schmerzte wieder. Es schmerzte an jedem Tag, der seit dem Gemetzel vor Frankenhausen vergangen war. Damals hieß er noch nicht Spielhansel, sondern Jost Winter und war einer von den Hauptleuten im Bauernheer. Er stützte sich auf seine Krücke und humpelte davon. Vielleicht konnte man mit dieser Neuigkeit noch ein paar Heller dazuverdienen. Oder ein paar von den Wunderbeeren.

Mias eilte nach Hause. In seiner Kammer warf er sich auf das Lager. Müntzer war an seine Feinde verraten worden. Von einem ehrbaren Mühlhausener Bürger. Wie niederträchtig! Wenn Mias im Prager Manifest las oder in der Deutsch-Evangelischen Messe blätterte, hörte er Müntzer selbst sprechen. Diese Stimme war freundlich, klar und fest. Das, was sie sprach, war zwar ungewohnt scharf, aber einleuchtend und mit der Heiligen Schrift nicht zu widerlegen. Andreas hatte ihm erzählt, dass Luther und alle anderen Gelehrten einem öffentlichen Disput mit Müntzer aus dem Weg gegangen waren. Sie hätten ihn nicht der Ketzerei überführen können. Stattdessen hatte Luther ihn in öffentlichen Schriften aufs Übelste geschmäht: »Führer der Rottengeister« und »Erzteufel« waren noch die milderen Bezeichnungen. Mias hatte seine Meinung über Thomas Müntzer, die auf diesen Schmähworten beruhte, inzwischen geändert.

Dorotheas Stimme klang durchs geöffnete Fenster. Sie arbeitete unten im Garten und sang vor sich hin. Das brachte Mias auf andere Gedanken. Vielleicht konnte er ihr bei der Arbeit helfen.

»Der Regensburger hat dich nach Müntzers Verräter gefragt? Was hast du ihm geantwortet?« Caspar hatte sich mit dem Boten ganz nach hinten ins Gewürzlager zurückgezogen. Hier war es dunkel und kühl. Es duftete durchdringend nach Pfeffer.

»Dass es ein ehrbarer Mühlhausener Bürger war. Was sonst?«

»Gut so. Hier, nimm das als Lohn. Spiel das Müntzer-Lied in den nächsten Tagen immer wieder an verschiedenen Plätzen der Stadt. Und leg dich am Dienstag auf die Lauer am Pfarrhaus und beobachte, was um die siebte Stunde und später geschieht.«

»Gebt Ihr mir noch einmal diese Beeren? Sie helfen gut gegen das Reißen im Fuß.«

Caspar kramte im Lager und gab dem Boten ein Säckchen.

»Pass auf, dass dich niemand von hier fortgehen sieht.«

Nun saßen sie in der Falle. Caspar rieb sich die Hände. Er lief in seine Stube, holte Tinte, Feder und Papier für einen Brief. Er konnte seine Handschrift gut verstellen. Niemand würde erkennen, dass er die Worte geschrieben hatte. Als er fertig war, holte er Siegelwachs und einen Lederbeutel. Er erwärmte das Wachs sorgfältig, tropfte es auf den Brief, nahm aus dem Lederbeutel ein kleines Petschaft hervor und drückte es vorsichtig in die weiche dunkelrote Masse. Dieses Siegel war schon viele Jahre nicht mehr benutzt worden. Danach versteckte Caspar alles bis auf den Brief wieder sorgfältig unter der losen Bodendiele. Dass der Brief zum richtigen Empfänger kam, dafür würde der Bote sorgen.

Bald war es so weit, mit einem einzigen Schachzug den Turm, einen läppischen Bauern und die Dame vom Brett zu nehmen. Darauf, die Dame aus dem Spiel zu werfen, freute er sich ganz besonders. Caspar eilte aufgeregt durch den geheimen Gang zu Rosina.

Am folgenden Montag zur siebten Stunde trafen sich die Getreuen bei Andreas im Pfarrhaus. Er hatte das Treffen einen Tag früher anberaumt. Der Prediger war überaus aufgeregt. Nach dem Eingangsgebet holte er einen Bogen Papier hervor, an dem noch die Reste von dunkelrotem Siegelwachs klebten.

»Das lag am Sonntag früh vor der Messe auf dem Altar in St. Marien. Niemand hat gesehen, wer es hingetan hat. Hört gut zu:

Gott zum Gruß, Brüder und Schwestern,

die Zeit ist da, das Unkraut aus dem Acker zu reißen.

Der unseren Bruder Thomas seinerzeit an die Tyrannen schändlich verriet, schleicht jeden letzten Freitag im Monat um die achte Stunde rechter Hand durch den Wallgraben zum Inneren Frauentor.

Ihr wisst das Schwert Gideons zu führen, macht Eure Sichel scharf.

Das schreibt Euch ein alter Getreuer im Ewigen Bund Gottes, der es selbst nicht mehr auszuführen vermag.

Seht euch das Siegel an. Es ist das alte Siegel des Ewigen Bundes.«

Die Getreuen reichten den Brief herum. »Was sagt ihr dazu?«

»Vielleicht ist es eine Falle, man hat unseren Kreis verraten«, meinte der alte Barthel.

»Aber wie kommt einer an das Siegel des Ewigen Bundes, der nicht zu uns gehört? Und woher sonst weiß er vom Schwert Gideons?«

»Warum spricht er nicht selbst zu uns, wenn er ein Getreuer ist, sondern schreibt einen Brief?«

»Ich glaube, das hat eine Frau geschrieben. Seht diese zarten Schwünge ...«, überlegte Mias.

»Lasst uns den Geist Gottes um Erkenntnis bitten«, schlug Marie vor.

Die Runde fiel in ein inbrünstiges Gebet. Mias saß mit geschlossenen Augen da und wartete, dass die Stimme Gottes in ihm sprechen würde.

Die alte Marie stand auf, hob die Arme und prophezeite: »Wenn die Zeit erfüllt ist, wird Gideons Erbe aufstehen gegen den Verräter des Glaubens. Auge um Auge, Zahn um Zahn.«

In der Stille beteten alle für sich weiter.

Andreas weissagte zum Abschluss: »Jesus Christus spricht: Sei getreu bis in den Tod, dann werde ich dir die Krone des Lebens geben. Amen.«

Mias selbst hatte keine innere Stimme gehört oder Vision empfangen, aber Maries und Andreas' Worte wühlten sein Herz zutiefst auf.

»Wir treffen uns in den nächsten Wochen nicht, das ist zu gefährlich. Matthias, könntest du Gideons Schwert in Verwahrung nehmen? Bei dir wird es niemand suchen. Vielleicht ist das doch eine Falle von Feinden des wahren Evangeliums.«

So kam es, dass Mias in der folgenden Nacht auf der Waffe Thomas Müntzers schlief. Er hatte sie unter seinem Strohsack versteckt. Am nächsten Tag musste er einen besseren Platz finden.

In der Nacht hatte Mias einen Traum. Er ging über eine lange Brücke. Um ihn herum herrschte Dunkelheit, nur der

Weg direkt vor ihm war erhellt. Die Brücke strahlte ein mildes Licht aus. In der Mitte blieb er stehen. Er wusste genau, dass er nicht weitergehen durfte. Von der anderen Seite näherten sich zwei Personen, ein Mann und eine Frau. Er sah nur ihre Schemen, nicht die Gesichter. Auch sie blieben einige Schritte vor ihm stehen.

»Jeremias Müntzer, was ist dein Erbe?«, fragte der Mann. Seine Stimme klang freundlich, klar und fest.

»Denk an den Ring, sei getreu. Getreu bis in den Tod«, wandte sich die Frau an ihn. Jetzt sah er, dass sie ein kleines Kind auf dem Arm trug.

»Vater? Mutter?«, stammelte Mias, doch das Licht verblasste. Dann fiel er durch das endlose Dunkel. Mit laut klopfendem Herzen schreckte er auf. Dieser Traum war anders als alle Träume, die er bisher gehabt hatte: glasklar wie die Wirklichkeit. Mias konnte sich an alle Einzelheiten erinnern. War das ein prophetischer Traum? Er wusste von Andreas, dass Gott zu seinen Freunden auch heute noch auf diese Weise redete.

Doch was bedeutete es dann?

Wenn das Schwert Gideons Thomas Müntzer gehört hatte, dann war sein Sohn der Erbe. »Der Erbe Gideons wird aufstehen gegen den Verräter«, so war doch Maries Weissagung. Mias schauderte. Er, er war ausersehen, das Unkraut auszureißen, an dem Verräter Rache zu nehmen. Auge um Auge, Zahn um Zahn! Alles fügte sich wie ein Mosaik. Jetzt war die Zeit reif, jetzt erst war er nach Mühlhausen gekommen. Die Bestrafung des Verräters hatte lange warten müssen, bis der Erbe Gideons bereit war. Was bedeuteten für Gottes allmächtigen Willen schon zwanzig Menschenjahre? *1000 Jahre sind bei ihm wie ein Tag,* stand in der Heiligen Schrift. Spielhansels Lied – der Verräter war ein ehrbarer Bürger, der immer noch ungestraft durch die Straßen der Stadt ging. Eine ehrfurchtsvolle Gewissheit stieg in Mias auf.

Ja, er würde treu sein, treu bis in den Tod.

Der letzte Freitag im Monat war in vier Tagen. Zeit genug, einen Racheplan zu schmieden.

Am nächsten Tag lud er Dorothea zu einem Abendspaziergang ein. Henrich hatte nichts dagegen, dass sie sich zu zweit in der Öffentlichkeit zeigten. Seit dem Festmahl hatte es sich sowieso in der Stadt herumgesprochen, mit wem die Rothmannsche Tochter Dreher getanzt hatte. Mit Caspar Künemund empfanden die wenigsten Mitleid. Die milde Septembersonne tauchte die Mauern der Stadt in ein rosafarbenes Licht. Dorotheas Hand lag leicht auf seinem Arm. Sie trug ihr langes Haar offen. Wer ihnen begegnete, wunderte sich, zu welcher Schönheit Dorothea aufgeblüht war.

»Willst du mir nicht den Wallgraben zeigen?«, bat Mias. Dorothea wunderte sich. Sie hätte ihn lieber zu einer anderen verwunschenen Stelle geführt. Vielleicht würden sie sich heute zum ersten Mal küssen. Dorothea sehnte sich danach. Der Wallgraben war jedoch auch ein guter Ort dafür. Er erstreckte sich neben der Stadtmauer, dort standen die Büsche und Bäume eng und verbargen sie vor neugierigen Beobachtern.

Sie verließen die Stadt durch das Frauentor. Der Torwächter zwinkerte ihnen zu. »Um Sonnenuntergang müsst ihr zurück sein, da verschließe ich das Tor.« Dorothea errötete. »Bis dahin sind wir lang zurück.«

Mias musterte den schmalen Weg durch den Wallgraben genau. Er suchte eine geeignete Stelle. Weit genug vom Stadttor entfernt, sah er hinter einer Lücke zwischen den Büschen einen großen Felsbrocken liegen. Er zog Dorothea vom Pfad hinter den Felsen. Dorothea dachte beglückt: »Jetzt ist es soweit, jetzt gleich.«

Mias begutachtete den Stein, man konnte von hinten leicht hinaufklettern. Das war ein guter Platz.

»Matthias«, sagte Dorothea zärtlich, »hier sieht uns niemand«. Sie fasste seine Hände. Es dauerte einen Moment, bis Mias begriff. Seine Gedanken hatten sich um ganz andere Dinge gedreht. Dorothea deutete es als Schüchternheit, was ihr Herz nur noch mehr entflammte. »Nur Mut«, flüsterte sie und streckte ihm ihr Antlitz entgegen. Ganz langsam beugte sich Mias zu ihr herunter und küsste sie vorsichtig. Sie schlang die Arme um seinen Hals, er legte seine zart um ihre Mitte. So standen sie eine ganze Weile ineinander versunken. Die Leidenschaft nahm zu. Mias erinnerte sich an Henrichs Worte, was das ungestüme Temperament von Dorothea betraf.

»Lass uns zurückgehen, mein Herzlieb. Schau, es wird schon dunkel.«

Dorothea wäre gerne noch länger geblieben. Viel länger. Doch Mias zog sie an der Hand wieder auf den Pfad. Langsam gingen sie zum Frauentor zurück, die Hände zärtlich ineinander verschlungen. Als sie dort ankamen, war es bereits fast dunkel. Sie hörten hinter sich die Riegel der Torflügel ins Schloss fallen.

Später am Abend lag Dorothea mit geschlossenen Augen auf ihrem Bett und spürte den heißen Wogen nach, die sie in Matthias' Armen überwältigt hatten. Wie wundervoll mochte das sein, wenn sie erst als Ehepaar das Lager miteinander teilten?

Auch Mias lag wach. Er teilte sein Bett immer noch mit Gideons Schwert. Ein besseres Versteck konnte es eigentlich nicht geben. »Genau wie der Drache Fafner im Lied der Nibelungen auf seinem Schatz liegt«, kam es ihm in den Sinn und brachte ihn zum Schmunzeln. Für die drei Tage bis Freitag lohnte es nicht, noch ein anderes Versteck zu suchen. Dann sann auch er über seinen ersten Kuss nach. Sein erster wahrhaftiger Kuss, wie er ihn nannte. Nach ihrem Bakkalaureat hatten Michel und er in Heidelberg gefeiert. Der Wein war süffig durch die Kehle gelaufen, zu süffig. Zwei Dirnen, leichte Beute witternd, hatten sie umgarnt. An das, was danach gefolgt war, dachte Mias mit Unbehagen zurück.

Dorothea im Arm zu halten, war ganz anders. Er sehnte sich nach ihren Küssen und Umarmungen.

Doch was, wenn sein Plan am Freitag misslang? Er entlarvt, gefangen oder gar getötet wurde? Würde Dorothea vor Schmerz und Enttäuschung dann auch vom Turm springen – wegen ihm?

»Du sollst nicht töten, so lautet das sechste Gebot«, hörte Mias eine zarte leise Stimme in seinem Innern, bevor er einschlief.

Ein paar Gassen weiter empfing Caspar Künemund zu später Stunde Besuch.

»Berichte, was hast du gesehen?«

»Niemand ist in das Pfarrhaus hineingegangen, niemand herausgekommen. Auch nicht durch den Garten.«

Caspar kaute an seinem Daumennagel. War diese Beobachtung gut oder schlecht?

»Die Rothmanns-Tochter war mit dem Regensburger im Wallgraben. Sie sind auf dem Pfad rechterhand des Frauentors spaziert.«

Diese Nachricht war gut! Caspars Miene hellte sich auf.

»Hier hast du noch ein Säckchen Beeren. Iss aber nicht mehr als acht Stück davon am Tag. Hörst du? Davon kauf dir einen warmen Umhang für den Winter.« Der Bote nahm Beeren und Geldstück und drehte sich zur Tür.

»Halt, warte. Ich habe noch einen letzten Auftrag für dich. Sei am Freitag nach Torschluss auf dem Pfad im Wallgraben rechter Hand neben dem Frauentor. Wenn der Regensburger kommt – es müsste vor der achten Stunde sein – verfolge ihn und beobachte genau, was geschieht. Pass gut auf, dass dich niemand bemerkt. Danach berichte mir sofort. Du wirst einen guten Lohn erhalten, du brauchst dir keine Gedanken zu machen, wie du dieses Jahr über den Winter kommst.«

Der Bote verließ Caspars Haus. Seine Krücke klapperte auf dem Pflaster. Er konnte auch ohne Krücke laufen, aber das musste nicht jeder wissen.

»Am Sonntag feiern wir ein Fest, mein Liebchen. Mit einem Zug schlagen wir drei Figuren.«

Rosina jauchzte. »Endlich. Verrate mit doch deine List, ich bitte dich«, schmeichelte sie. Caspar lachte und zog Rosina ins Vertrauen.

Eine Sache beunruhigte sie daran. »Was machst du zu guter Letzt mit Dorothea?«

Caspar sah Rosina nachdenklich an. »Das braucht dich nicht zu kümmern.«

Was er mit der Rothmann-Schnepfe und ihren lockenden Kugelbrüsten vorhatte, wollte er nicht mit Rosina teilen.

»Sie wird danach vom Turm springen.« Caspar dachte an das Gespräch mit Henrich, der ihn gebeten hatte, nicht länger um Dorothea zu werben.

In diesem Moment verspürte Rosina das erste Mal Angst vor Caspar. War sie womöglich auch eine der Figuren auf dem Schachbrett?

Sie versuchte, sich nichts anmerken zu lassen, und tänzelte zu dem Tischchen hinüber. »Wen haben wir denn dann noch? Einen Läufer? Für wen stand dieser? Es ist mir entfallen.«

»Der Läufer, der nimmt sich gerade selber aus dem Spiel«, antwortete Caspar trocken. Der Bote brauchte sich wirklich keine Sorgen über den kommenden Winter zu machen, wenn er weiterhin acht Beeren oder gar mehr am Tag aß. In dieser Menge wirkten sie wie ein schleichendes Gift.

Dann war nur noch der schwarze König übrig. Wen Caspar darin sah, hatte er Rosina nie verraten.

»Ja, ja der schwarze König«, neckte er sie und zog ihre Haarnadel heraus, so dass die langen Locken über ihren Rücken fielen. »Vielleicht ist das ja eine schwarzhaarige Königin?«

Rosinas Sinne schwanden, er konnte sie gerade noch auffangen und aufs Lager betten. In ihren weit aufgerissenen Augen erkannte er Todesangst.

»Nicht doch, mein Herzchen. Zum weißen König gehört die weiße Dame. Dir könnte ich niemals etwas zuleide tun.« Caspar legte sich neben sie und streichelte zärtlich ihr Gesicht.

»Was hältst du von einer Hochzeit, gleich im neuen Jahr? Damit wir beide nicht mehr in Sünde leben«, fügte er spöttisch hinzu.

»Ich habe eine neue Stellung für dich, Matthias.« Mit diesen Worten begrüßte Henrich ihn am nächsten Morgen, als Mias nach einer fast schlaflosen Nacht langsam die Treppe hinunter tappte.

»Die Bauern aus den Dörfern bringen ihren Anteil an der Ernte und wir können endlich die jährliche Sühnezahlung an den Fürsten vorbereiten. Du kannst mir in der Kämmerei zur Hand gehen. Einen hohen Lohn kann ich dir dafür allerdings nicht zahlen. Du weißt ja, unsere Stadtkasse ist leer. Was meinst du dazu?«

»Ich helfe dir gerne – auch ohne Lohn. Ich esse und trinke doch schon die ganze Zeit an deinem Tisch.«

Henrich klopfte Mias auf die Schulter. »Nun lass gut sein, Junge, soviel, wie du isst und trinkst, macht mich nicht ärmer. Also komm nachher in die Kämmerei.« Henrich nickte Mias freundlich zu und verschwand nach draußen.

Mias freute sich auf die neue Aufgabe. Die Arbeit würde ihn ablenken von den Gedanken an kommenden Freitag, die wie Raubvögel in seinem Kopf kreisten. Sollte er sich Andreas Kuntze anvertrauen? Oder Dorothea? Nein, dann müsste er ja das Geheimnis seiner Herkunft preisgeben. Das konnte er auf keinen Fall tun, er hatte es seinem Vater versprochen. Außerdem: Würde Dorothea ihn immer noch lieb haben, wenn sie über seine wahre Herkunft Bescheid wüsste? Und was würde Henrich dazu sagen? Nein, er konnte mit niemandem darüber sprechen.

Mias schob die Tür zur Küche auf. Dorothea und die Magd waren nicht da. Über dem erloschenen Herdfeuer hing ein kleiner Kessel mit Gerstengrütze. Sie war noch lauwarm. Mias schöpfte eine Portion des graubraunen Breis in eine Schüssel, setzte sich auf einen Hocker an den Tisch und löffelte langsam seine Mahlzeit. Die Raubvögel in seinem Kopf zogen derweil Kreis um Kreis.

Danach eilte er gedankenverloren zum Rathaus.

Die Arbeit in der Kämmerei war anspruchsvoll und anstrengend. Mias musste aufpassen, sich nicht zu verrechnen und keine Listen und Namen zu verwechseln. So vergingen die beiden nächsten Tage wie im Flug. Die Nächte jedoch waren lang. Mias überdachte immer wieder seinen Plan. Hatte er etwas übersehen? Das konnte ihn Kopf und Kragen kosten. »Du sollst nicht töten!«, sagte immer wieder die leise Stimme in seinem Herzen, wenn er an die Stelle kam, was er tun würde, wenn er sich von dem Felsen aus auf den Verräter gestürzt hatte. Aber wie sollte er sonst Rache nehmen?

Dorothea ging er aus dem Weg, was gar nicht so einfach war. Gott sei Dank regnete es jeden Abend und er musste keine andere Ausrede erfinden, warum er nicht mit ihr im Wallgraben spazieren gehen konnte. Am Donnerstagabend täuschte Mias Unwohlsein vor und begab sich schon früh in seine Kammer. Dorothea hatte einen Krug Tee aus verschiedenen Heilkräutern zubereitet und ihm das Versprechen abgenommen, den Inhalt vor dem Einschlafen komplett auszutrinken.

Mias stellte den Krug auf das Fensterbrett und zog den Beutel mit Gideons Schwert unter dem Strohsack in seinem Bett hervor. Er nahm die Waffe heraus. Wie passend sich der Griff in seine Hand schmiegte. Ob Thomas Müntzer wirklich damit gekämpft – vielleicht sogar Menschen getötet hatte? Mias ließ die Klinge durch die Luft zischen. »Du sollst nicht töten!« Diese Stimme ließ ihm keine Ruhe. Mias seufzte. Galt dieses Gebot nur für heimtückischen Mord aus Gier? Oder galt es immer? Was war dann mit den Scharfrichtern, die Verbrecher ihrer gerechten Strafe zuführten? Im Krieg musste man ja auch seine Feinde töten. Und so etwas Ähnliches war seine Sache ja auch: Er vollzog nur ein gerechtes Urteil an einem Verräter. Die prophetischen Worte der Getreuen, sein Traum – das waren doch deutliche Zeichen. Andererseits war in der Prophetie nur von Rache die Rede gewesen, nicht von Mord. Mias dachte nach. Sein Blick blieb am Knauf des Schwertes hängen und da kam ihm ein guter Gedanke. Ja, so würde er es machen.

»Heute Abend bin ich zum Nachtmahl nicht da, bitte entschuldige mich«, rief Mias am nächsten Morgen der Magd Bärbel zu und eilte aus dem Haus. Der letzte Freitag im September war ein kühler, nebliger Regentag. Mias beeilte sich, an seinen Arbeitsplatz in die Kämmerei zu kommen. Bis zum Nachmittag hatte er alle Listen fertig und ging wieder zurück ins Haus der Rothmanns. Nun musste er nur noch unbemerkt mit dem Schwert Gideons aus dem Haus schleichen und vor Torschluss aus der Stadt heraus kommen.

Geschafft! Mias hatte das Pfortentor unbemerkt neben einem Wagentross passiert und versteckte sich hinter dem dicken Stamm einer Linde. Es war schon fast dunkel. Mias setzte sich auf die Mauer, schwang die Beine herüber und sprang hinunter in den Wallgraben. Sofort suchte er hinter einem Gebüsch Deckung. Hatte ihn jemand bemerkt? Sein Herz klopfte schnell, das Blut rauschte in seinen Ohren. Nein, alles blieb ruhig. Trotzdem blieb Mias noch eine Weile in seinem Versteck.

Als es schließlich völlig dunkel war, hörte Mias, wie das Tor laut krachend verschlossen wurde. Nun blieb ihm immer noch genug Zeit, um an der Stadtmauer entlang zu dem Felsen im Wallgraben zu gelangen. Er holte das Säckchen mit dem Ruß hervor und strich sich die schwarze Masse gründlich auf Stirn, Wangen und Hände. Man konnte ja nie wissen, ob der Nebel sich lichten und die Mondsichel die Umgebung erhellen würde.

Danach schlich Mias, so leise er konnte, durch das nächtliche Dunkel. Jedes kleine Geräusch, das sich nicht vermeiden ließ, dröhnte in seinen Ohren. Hoffentlich entdeckte ihn niemand von der Stadtmauer aus. Mias blickte nach oben. Der Turm war auf seiner Höhe, gleich war er am Ziel. Da, neben dem großen Felsen, ein Scharren, das sich leise entfernte. Mias schauderte, blieb ganz still stehen und lauschte angestrengt in die Schwärze der Nacht. War dort noch jemand im Wallgraben? Wurde er beobachtet? Oder war sein Opfer gar schon vorbeigekommen? Doch alles blieb ruhig. Wahrscheinlich nur ein Tier, das er aufgeschreckt hatte. Mias atmete erleichtert aus und huschte hinter den großen Felsen. Hier hatte er vor ein paar Tagen Dorothea geküsst. Ein Strom zärtlicher, warmer Gefühle stieg in ihm auf. Mias schluckte. Das alles setzte er aufs Spiel, wenn sein Plan misslang. Noch könnte er ganz einfach umkehren und nach Hause gehen. Es würde ihn nur ein paar Taler für die Torwache kosten.

»Hört, Ihr Leut', und lasst Euch sagen: Unsere Glock' hat acht geschlagen«, erscholl der Ruf des Nachtwächters. Jetzt war keine Zeit mehr für Zweifel.

»Sei ein Mann«, dachte Mias bei sich, »du tust schließlich Gottes Willen!«

Behände kletterte er auf den Felsen und brachte sich in Position. Er zog das Schwert Gideons aus einem Beutel unter seinem Umhang hervor. Er war bereit. Nach einiger Zeit näherten sich tatsächlich Schritte auf dem Weg durch den Wallgraben. Mias erkannte die Umrisse einer Gestalt, die wie er in einen Umhang mit Kapuze gehüllt war.

»Gott, steh mir jetzt bei«, flehte Mias innerlich. Wie ein Raubtier spannte er alle Muskeln an, um sich im richtigen Moment mit aller Kraft auf die Gestalt zu stürzen. Jetzt gab es kein Zurück mehr.

Die Wucht des Aufpralls ließ die beiden Männer in die Büsche neben dem Weg stürzen. Schnell setzte sich Mias auf die Brust des Verräters. »Für Thomas Müntzer«, zischte er und holte mit aller Kraft aus.

»Jeremias – halt ein!«, stöhnte die Gestalt unter ihm. Im letzten Moment lenkte Mias den Schlag vom Kopf seines Gegners ab. Gideons Schwert fiel klappernd auf den Boden. Woher wusste der Verräter seinen Namen? Die Stimme kam ihm bekannt vor. Nur einige Meter entfernt krachte laut ein Ast, schnelle Schritte entfernten sich. Mias und sein Opfer fuhren beide herum und lauschten atemlos.

»Ganz ruhig«, flüstere der Mann, »jemand hat uns beobachtet.«

Doch nichts weiter regte sich im Wallgraben.

»Wir müssen weg hier, los steh auf!«, Mias rappelte sich hoch, er schlotterte am ganzen Körper. Sein Opfer war Henrich Rothmann, sein zukünftiger Schwiegervater. Und der hatte ihn erkannt. Jetzt war es vorbei.

»Los, Junge, wir müssen weg hier. Hast du alles bei dir?« Ächzend bückte sich Henrich und nahm das Schwert Gideons an sich. Mias stand immer noch wie angewurzelt. Henrich schüttelte ihn. »Komm zu dir, schnell!« Er fasste den Jüngeren am Arm und zerrte ihn auf den Pfad. Sie hasteten zurück in die Richtung, aus der Henrich vorhin gekommen war, kletterten über den äußeren Wall, eilten noch mindestens eine Meile weiter und kamen schließlich an eine kleine alte Mühle an der Unstrut. Henrich klopfte. Nach einer Weile wurde die Tür einen kleinen Spalt geöffnet.

»Magdalena, lass uns ein«, bat Henrich. Schnell schlüpfen die Männer ins Innere. Die Müllerin verriegelte die Türe fest hinter ihnen und legte ein Holzscheit auf die Glut an der Feuerstelle. Es wurde heller im Raum.

»Was ist geschehen, Henrich? Du blutest ja.« Henrich griff sich an die linke Schläfe.

»Das sind nur ein paar Kratzer. Dürfen mein junger Begleiter und ich die Nacht hier verbringen?« Die Frau blickte zwischen den Männern hin und her. Der an der Stirn blutende Henrich

Rothmann, den sie schon seit Kindertagen kannte, und ein Straßenräuber, der wie ein Häuflein Elend vor sich hinstarrte: Was mochte dahinter stecken?

Henrich erriet wohl ihre Gedanken. »Keine Sorge, Magdalena, es droht keine Gefahr für dich. Es sind nur die alten Geschichten, die uns keinen Frieden lassen.«

Henrich legte Gideons Schwert auf den Holztisch. Magdalena erschrak. Die alten Geschichten also. Nein, die alten Geschichten, von denen diese Waffe erzählte, waren nicht dazu gemacht, Frieden unter den Menschen zu schaffen.

»Mein Haus ist dein Haus, Henrich. Ich hole Wasser, dass ihr euch waschen könnt. Ihr seht aus wie Strauchdiebe.« Die Müllerin verließ den Raum durch eine andere Türe an der hinteren Seite.

»Setz dich, Junge.« Henrich wies auf die Bank am Tisch nahe beim Feuer. Mias gehorchte zögernd. »Dann wusstest du die ganze Zeit, dass ich … wer ich …?«, fragte er leise.

»Hm, ja. Der seltsame Brief meiner Muhme, deine Neugier für Müntzer und die äußere Ähnlichkeit mit deinem Vater: Es war für mich ein leicht zu lösendes Rätsel. Aber dass du über mich herfallen würdest, hätte ich nicht gedacht. Das musst du mir schon genauer erklären. Und wer weiß, in was du mich und Dorothea sonst noch belogen hast?« Henrichs Stimme klang streng und traurig.

»Nein, Henrich, so war es nicht. Ich habe euch nicht belogen«, flüsterte Mias, »ich …« Henrich winkte ab, die Müllerin kam wieder zurück mit einem Holzeimer voll Wasser.

»Nun wollen wir uns erst einmal säubern, dann kannst du mir in Ruhe alles erzählen.«

»Ich wärme euch noch ein Kräuterbier, das weckt eure Geister«, schlug die Müllerin vor. Schweigend wuschen sich die Männer Hände und Gesicht, erst Henrich, dann Mias. Danach war das Wasser rabenschwarz. Mias griff den Eimer, er hatte sich wieder ein wenig gefasst.

»Wo soll ich ihn ausschütten?«

Die Müllerin rührte gerade in einem Topf das heiße Bier um.

»Durch die Türe, dann den Gang entlang nach draußen. Gleich hinter dem Haus ist der Misthaufen. Den Eimer könnt Ihr im Mühlbach ausschwenken. Seid vorsichtig, es ist stockfinster.«

Mias verschwand nach draußen.

»Täusche ich mich, oder habe ich solche blauen Augen schon einmal gesehen, damals in einem bartlosen, älteren Gesicht, vor vielen Jahren?« Magdalena blickte Henrich fragend an.

Henrich nickte ernst. »Behalte es unbedingt für dich.«

»Und – kommt er nach seinem Vater?«

»Hm, das muss sich erst noch weisen. Würdest du uns bitte alleine lassen, wenn er zurück ist?«

Magdalena seufzte.

»Mir ist es nur darum, nicht noch einmal solche blutigen Zeiten zu erleben. Das würde ich lieber gleich im Keim ersticken wollen, verstehst du?«

»Ich denke genauso, Magdalena«, sagte Henrich leise. Mias kam zurück in die Stube. Die Müllerin stellte zwei Becher und den Topf mit dem heißen Bier auf den Tisch, warf Henrich einen langen Blick zu und ließ die beiden Männer allein.

Henrich füllte die Becher. »Nun lass uns einen Schluck trinken und dann erzähl mir, was hinter deinem feigen Anschlag steht.«

Mias begann die Erzählung mit dem Tag, an dem seine Eltern ihm das Geheimnis um seine Herkunft gelüftet hatten. Als er an die Stelle kam, wo es um die Zusammenkünfte der Getreuen ging, stockte er. Andreas hatte ihn gewarnt, darüber mit Fremden zu sprechen.

»Henrich, nun darf ich keine Namen und Orte nennen, das habe ich geschworen.«

»Geht es um deine Freundschaft mit Andreas Kuntze? Ich weiß, dass sich in seinem Haus Gläubige treffen. Ich dachte jedoch, sie beten und forschen miteinander in der Heiligen Schrift? Dass sie etwas Böses im Sinn haben, ist mir neu«, entgegnete Henrich.

»Sie haben auch nichts Böses im Sinn, Henrich. Sie wissen weder um meine Herkunft noch was ich heute geplant hatte.« Dann erzählte Mias von dem Brief, den Andreas auf dem Altar gefunden hatte, Spielhansels Lied und wie er ganz alleine dazu gekommen war, an dem Verräter Rache üben zu wollen.

»Ich wollte niemanden töten, sondern dem Übeltäter nur einen Denkzettel verpassen, ihn mit dem Knauf des Schwertes bewusstlos schlagen und sehen, wer es ist. Bitte glaub mir«, flehte Mias.

Henrich hatte schon vielen Verhören beigewohnt. Dieser junge Mann sagte die Wahrheit, da war er sich sicher. Aber was bedeutete das alles dann? Er dachte nach.

»Henrich«, unterbrach Mias das Schweigen, »du hast meinen Vater nicht an die Landsknechte verraten, oder?«

»Nein, das habe ich nicht. Aber des Spielhansels Lied hat eine Ursache. Eine lange Geschichte, die auch mit mir zu tun hat. Ich werde sie dir heute Nacht erzählen, das bin ich dir und deinem Vater schuldig. Dann kannst du alles besser verstehen.«

»Du glaubst mir also und verzeihst mir?«

Henrich lachte leise. »Hm, du kommst in dieser Hinsicht wirklich nach deinem Vater. Ungerechtigkeit war ein Dorn in seinen Augen und Übeltäter durften seiner Meinung nach nicht ungestraft davon kommen. Ja, Mias, ich glaube dir und verstehe, was dich zu deiner Tat getrieben hat. Aber bevor ich von den alten Zeiten spreche … Offensichtlich, trachtet mir jemand nach dem Leben. Das Ganze scheint ein perfide ausgedachtes

Komplott zu sein. Wer wird wohl dahinter stecken? Derjenige muss gewusst haben, dass ich jeden letzten Freitag im Monat diesen Weg nehme.« Jetzt waren die Zusammenkünfte einiger Ratsherren, denen der Frieden zwischen den religiösen Gruppen und das Wohlergehen aller Bürger in der Stadt am Herzen lag, also kein Geheimnis mehr.

»Ich weiß es nicht, Henrich. Ich dachte wirklich, es wäre Gottes Auftrag. Die Prophezeiungen der Freunde, mein Traum … alles schien zusammenzupassen. Ich habe Gott sogar um Hilfe für meine Tat gebeten.« Mias barg beschämt das Gesicht in seinen Händen.

»Hm, nun, im Grunde hat Gott dein Gebet erhört. Niemand ist zu Schaden gekommen und die Übeltäter haben ihr Ziel nicht erreicht.«

»Glaubst du, dass Gott heute noch zu uns spricht wie zu Zeiten der Propheten? Andreas sagt, auch heute gibt es Träume, Visionen und Prophezeiungen.«

»Ich weiß es nicht. Menschen deuten oft ihre eigenen Gedanken und bösen Wünsche als Gottes Willen, obwohl es den Worten der Heiligen Schrift widerspricht. Ich glaube nicht, dass Gott sich selbst widerspricht. Deshalb bin ich misstrauisch gegenüber prophetischen Worten.«

»Als ich den Anschlag geplant habe, sagte in meinem Herzen immer eine leise Stimme: ›Du sollst nicht töten‹.«

»Hm, das hört sich für mich tatsächlich nach Gottes Stimme an. Es entspricht den Geboten der Schrift. Gut, dass du darauf gehört hast, mein Junge. Sag, wie soll ich dich nun nennen: Matthias oder Jeremias?«

»Zu Hause sagen alle »Mias« zu mir.«

Henrich lachte. »Ja, so nannte dich auch Ottilie, deine Mutter. Beide Namen sind darin vereint, das gefällt mir.«

»Aber nun zurück zu unserem eigentlichen Gespräch: Auch ich kann es mir nicht denken, wer mir Übles will. Wir wurden im Wallgraben beobachtet. Morgen früh werden wir heimlich in die Stadt zurückkehren. Ich werde mich einige Tage versteckt halten, damit der Verschwörer denkt, sein Plan wäre aufgegangen. Vielleicht macht er dadurch einen Fehler und wir kommen ihm auf die Schliche. So, und nun werde ich dir aus meiner Jugend erzählen. Damals war ich nur wenig älter als du heute.«

Henrich goss sich noch einmal den Becher voll. Dann nahm er Mias mit auf eine Reise in die Vergangenheit. Zu Geschehnissen, die viele inzwischen am liebsten vergessen hätten, andere in ihren verbitterten Herzen lebendig hielten. Geschehnisse, die das Leben der Menschen noch für lange Zeit beeinflussen würden.

Mühlhausen. Sommer 1524

Ich erinnere mich noch gut an meine erste Begegnung mit deinem Vater. Es war an einem Abend im August 1524, ich war gerade auf dem Heimweg durch die Stadt. Vor der Kirche St. Nicolai stand eine große Menschenmenge und lauschte einem Redner. Ich dachte zuerst, Heinrich Pfeiffer, der Unruhestifter, würde das Volk wieder aufwiegeln. Doch da stand ein anderer Mann, der mit eindringlichen Worten auf das Volk einsprach. Es war Thomas Müntzer. Er legte eine Stelle aus der Heiligen Schrift aus. So klar und bewegend, mit Worten, die jeder verstand, ob Gelehrter oder einfacher Bauer. Ich war damals gerade nach Ende meines Studiums aus Erfurt zurückgekehrt. Martin Luther hatte ich drei Jahre früher persönlich predigen gehört, als er auf dem Weg zum Reichstag nach Worms in Erfurt mit großen Ehren empfangen wurde und in der Kirche des Augustinerklosters seine reformatorische Lehre erklärte. Luther beeindruckte mich damals sehr. Aber nun stand da ein einfach, ja ärmlich gekleideter Mann mit der Heiligen Schrift in der Hand auf den Stufen zu St. Nicolai und machte noch größeren Eindruck auf mich. Ich wollte unbedingt mehr über ihn erfahren und lud ihn zu einem Mahl in einer Schänke ein. So wurden wir gut miteinander bekannt.

Damals herrschte ein großes Durcheinander in unserer Stadt. Die einfachen Leut', die Handwerker, wollten mehr Rechte im

Rat. Besonders Heinrich Pfeiffer, der damals Pfarrer in einem Dorf vor der Stadt war, hetzte sie gegen die Obrigkeit auf.

Pfeiffer hatte seine Mönchskutte ein paar Jahre zuvor abgelegt, wie so viele Anhänger Luthers. Aber ihm ging es nicht um den wahren Glauben an das Evangelium, er wollte die Welt in Mühlhausen auf den Kopf stellen. Dafür war ihm jedes Mittel recht.

Als ich Thomas predigen hörte, keimte in mir eine Hoffnung auf. Könnte er nicht dem Volk ins Gewissen reden und es auf den rechten Weg zurückbringen? Dann wäre endlich wieder Frieden in Mühlhausen. Ich war damals ein junger Mann, hatte meine erste Anstellung hier an der Lateinschule. Ich lebte alleine mit meiner Mutter in der Kurzen Gasse. Mein Vater war schon vor einiger Zeit gestorben. Er hatte uns ein kleines Vermögen hinterlassen, so dass wir keine finanziellen Nöte litten. So lud ich Thomas ein, bei uns zu wohnen.

Wir haben viele Stunden miteinander disputiert. Thomas erklärte mir, dass das Ende der Welt nahe sei und Gott von uns Christen erwarten würde, dass wir sein göttliches Reich auf Erden vorbereiten. Es sei notwendig, dass die hohen Herren, Fürsten und Klerus aufhören würden, das arme Volk auszupressen. Denn vor Gott sei kein Ansehen der Person, sondern nur durch den Glauben könne man gerechtfertigt werden. In diesem Punkt war Thomas sich mit Luther einig. Aber was das Wort ›Glauben‹ bedeutet, darüber hatte er andere Ansichten. Jeder, der zu Christus gehören wolle, müsse ihm immer ähnlicher werden. Das heißt, genau wie Jesus einen Weg des Leidens für das Reich Gottes auf sich nehmen. Und der Glaube müsse sich im Tun des Christen zeigen, sonst wäre er nicht echt.

Thomas zeigte mir die entsprechenden Stellen in der Heiligen Schrift, vor allem im Alten Testament.

Die wenigen, die dann bereit wären, diesen harten Weg des Glaubens zu gehen, seien auserwählt, die Ungläubigen zu vernichten. Die Zeit sei nun da, das Unkraut aus dem Acker zu reißen. Das alles hätte ihm der Heilige Geist gezeigt. Ich war sehr beeindruckt von seinem Wissen, nicht nur in Theologie, sondern auch in Philosophie. Dein Vater hat sich sogar mit der Religion unserer Erzfeinde, der Türken, befasst und besaß eines ihrer heiligen Bücher.

Schon wenige Tage nach seiner Ankunft in Mühlhausen traf er sich mit Heinrich Pfeiffer. Das war das Ende meiner Hoffnungen auf Frieden in der Stadt.

Ich weiß noch, wie er mir voll leidenschaftlicher Freude auseinandersetzte, dass der Aufruhr der Menschen doch nur bedeuten würde, dass Gott die Gläubigen endlich für den großen Kampf zurüste.

Thomas deutete als Werk Gottes, was ich bisher für das Werk des Bösen gehalten hatte. Immer wieder versuchte er, mir das alles anhand der Schrift zu beweisen und mich für seine Sache zu gewinnen. Ich mochte Thomas, seinen wachen Geist, seine kompromisslose Ehrlichkeit – aber ich empfand Abscheu vor der Gewalt, die Pfeiffer immer predigte. Ich hielt dagegen, dass Christus doch die Liebe als höchstes Gebot bezeichnet hatte und sich selbst nicht gegen die Mächtigen der Welt und ihre Ungerechtigkeit gewehrt hatte.

Thomas hörte mir ernsthaft zu, aber es änderte nichts an seiner Meinung. Der Geist Gottes hätte ihm ganz deutlich gezeigt, dass die Uneinsichtigen und Ungläubigen, die nicht umkehren wollten von ihren bösen Wegen, vernichtet werden müssten. Mehr und mehr machte er gemeinsame Sache mit Pfeiffer. Damals im September anno 1524 hatten sie noch nicht so viele Anhänger in der Stadt, so dass der Rat etwas gegen sie ausrichten konnte.

Ende September wurde ein neuer Versuch gemacht, Ruhe unter den Bürgern zu schaffen, indem man alle einen Friedens- und Treueschwur leisten ließ und in den Stadtvierteln über die

Ausweisung von Müntzer und Pfeiffer abstimmte. Nach der Abstimmung mussten beide die Stadt verlassen. Thomas wollte nach Nürnberg, um dort einige Schriften drucken zu lassen. Er bat mich, für seine Frau Ottilie und seinen kleinen Sohn zu sorgen. Sie waren wenige Tage zuvor von Allstedt zu uns nach Mühlhausen gekommen. Ja, Mias, du hast schon vor langer Zeit einmal unter meinem Dach gelebt.

Die Obrigkeit sah es zuerst nicht gerne, dass Ottilie bei uns Unterschlupf gefunden hatte. Aber was konnte das arme Weib dafür? Doch dann hofften die Räte, durch mich Müntzers Pläne zu erfahren. Ich sollte deine Mutter aushorchen. Doch da gab es nichts auszuhorchen. Die arme Ottilie wusste selbst nicht, wo ihr Mann war und was für Pläne er schmiedete. Kein Bote, keine Nachricht erreichte sie in den folgenden Monaten. Ottilie …«

Hier machte Henrich eine Pause, atmete tief ein und aus, griff nach dem Becher und trank das schon längst kalte Bier bis zur Neige aus.

»Ottilie war eine besondere Frau. Sie stammte aus einem kleinen Rittergeschlecht – derer ›von Gersen‹ – und war als junges Mädchen ins Kloster gesteckt worden. Dort hat sie lesen und schreiben gelernt. Warum sie aus dem Kloster geflohen ist, hat sie mir nicht erzählt. Sie kam nach Allstedt und traf auf Thomas Müntzer, der dort eine Pfarrstelle hatte. Thomas heiratete Ottilie wohl aus einer barmherzigen Laune heraus, um sie vor einem Leben in Armut und Schande zu bewahren.

Ottilie war ihm eine gute Ehefrau, musste aber viel erdulden, weil Thomas keine Rücksicht auf die Familie nahm, wenn es um seinen Auftrag – um Gottes Sache, wie er sagte – ging. Sie war klein und zart von Gestalt wie du und hatte ein ruhiges freundliches Wesen, sogar meine katholische alte Mutter hatte sie sehr gern.«

Und ich auch, dachte Henrich, aber diesen Teil der Geschichte musst du ja nicht kennen.

»Einige Wochen herrschte Ruhe in der Stadt. Doch dann tauchte kurz vor Weihnachten Pfeiffer wieder auf. Keiner wusste, wie er sich durch die Tore geschlichen hatte. Sofort begann er wieder damit, das Volk aufzuwiegeln. Nicht nur das: Zusammen mit ihm war viel zwielichtiges Volk aus der Umgebung nach Mühlhausen gekommen. Alles seine Anhänger. Es ging wieder los mit Gewalt und Plünderung gegen Kirchen, Klöster und Obrigkeit. Etliche wohlhabende Bürger und Ratsherren verließen aus Angst in diesen Tagen Mühlhausen, um sich anderswo in Sicherheit zu bringen. Der übrige Rat war nicht mehr Herr der Dinge.

Ottilie mochte Heinrich Pfeiffer nie leiden. Er behandelte sie von oben herab, nahm sie nicht ernst. Trotzdem versuchte sie, von ihm etwas über ihren Mann in Erfahrung zu bringen. Aus Nürnberg war Thomas ebenfalls ausgewiesen worden. Daraufhin war er in den Süden gezogen, an die schweizerische Grenze, zu den Brüdern in Christo, die dort mit den Bauern schon eine große Fehde gegen die Obrigkeit begonnen hatten. Sonst wusste Pfeiffer auch nichts zu berichten.

In Ottilies Säckel befand sich inzwischen kein einziger Heller mehr. Thomas hatte schlicht und einfach vergessen, für sie und das Kind zu sorgen. Obwohl Mutter und ich ihr immer wieder versicherten, dass sie unser Gast sei und sich darüber keine Gedanken machen müsse, schämte sie sich deswegen. Erst war sie unglücklich, dann wurde sie zornig auf Thomas, der es nicht für nötig befunden hatte, an sie und den Sohn zu denken.«

Henrich goss sich nochmals von dem kalten Bier nach und netzte seine trockene Kehle. Ja, dachte er, Ottilie fühlte sich von ihrem Mann verraten und vergessen. Ich hatte sie so lieb gewonnen, wir waren jung, so kam eins zum andern … Gut, dass du davon nichts weißt, Mias. Gut, dass niemand außer Ottilie und mir etwas davon weiß.

»Wir dachten schon, Thomas wäre etwas zugestoßen. Aber dann stand er eines Tages, es muss Anfang Februar 1525 gewesen sein, wieder vor meiner Tür. Mager, in Lumpen und mit diesem seltsamen, kalten Blick in den Augen. Alle Barmherzigkeit war daraus gewichen. Am Abend des gleichen Tages stellte er mich vor die Wahl, entweder seinem ›Heiligen Ewigen Bund‹ beizutreten, oder er würde mich fürderhin zur Partei der Gegner rechnen. In diesem Bündnis hatten sich etliche Männer aus der Umgegend verschworen. Sie waren bewaffnet und wollten einen Aufruhr gegen die Obrigkeit führen. An diesem Abend gingen wir im Streit auseinander. Es gelang mir nicht, Thomas von der Gewalt abzubringen.

Kurz darauf zog er mit Ottilie und dir in das Pfarrhaus der Marienkirche. Dorthin, wo Andreas Kuntze jetzt wohnt. Thomas wurde als Pfarrer in St. Marien eingesetzt. Nun ging das wüste Treiben in der Stadt erst richtig los. Ich brachte meine Mutter zu Verwandten nach Göttingen, denn hier waren wir unseres Lebens nicht mehr sicher.

Als ich aus Göttingen zurückkehrte, hatten sie schon gewaltsam den alten Stadtrat abgesetzt und einen neuen gewählt. Einen, der Pfeiffer und Müntzer in weiten Stücken hörig war. Als Bürgermeister setzten sie Sebastian Künemund und Heinrich Baumgart ein. Ich empörte mich über dieses Vorgehen. Das hatte doch nichts mehr mit Christentum zu tun! So kam es, dass ich mich als geheimer Unterhändler von den alten abgesetzten Ratsherren anwerben ließ. Sie wollten das Schlimmste für unsere Stadt verhindern. Mias, was ich dir hierüber erzähle, behalte bitte für dich. Auch heute weiß kaum jemand in Mühlhausen darüber Bescheid. Schwörst du mir das?«

Mias nickte und hob die Hand. »Ja, das schwöre ich.«

»Gut, so höre, wie es weiterging und was das alles mit Spielhansels Lied zu tun haben könnte.

In unserer Stadt trieben es die Aufrührer immer ärger. Die Klöster wurden überfallen, ausgeraubt und aufgelöst. Im Umland zogen die Bauernrotten bis ins Eichsfeld, überfielen Städte und Dörfer, raubten, brandschatzten. Niemand setzte ihnen etwas entgegen. So ging es den ganzen Frühling bis zum Mai weiter. Schließlich hatten die Fürsten die Nase voll und schlossen sich zusammen. Von Nordwesten her zogen Philipp von Hessen und Heinrich von Braunschweig mit ihren Männern heran, von Süden kam ihnen Herzog Georg von Sachsen entgegen. Stell dir vor, Mias, im Kampf gegen die Bauern waren sich katholische und evangelische Fürsten plötzlich einig. Die aufrührerischen Bauernhaufen rotteten sich vor Frankenhausen zusammen. Dort sollte die große entscheidende Schlacht stattfinden. Müntzer zog mit ungefähr 300 Mann von Mühlhausen dort hin. Pfeiffer wollte ihn nicht begleiten, sie waren im Streit auseinander gegangen. Was im Lager der Bauern geschah, weiß ich auch nur aus Erzählungen. Mich hatte der abgesetzte Stadtrat zu Herzog Georg geschickt, um im Geheimen über Wohl und Wehe für unsere Stadt zu verhandeln.

So kam es, dass ich ausgerechnet am Tag der Schlacht in Frankenhausen war.

Die Bauern im Lager erschraken, als sie die Heere der Fürsten aufmarschieren sahen. Müntzer feuerte sie mit Predigten an: Gott wäre auf ihrer Seite und genau wie Gideon in der Heiligen Schrift würde er ihnen zum Sieg gegen die Übermacht verhelfen. Du weißt ja, Mias, die Fahne der Bauern zeigte einen Regenbogen als ihr Bundeszeichen und just an diesem Tag erschien ein farbiger Ring um die Sonne. Ich habe dieses unerklärliche Zeichen auch gesehen. Das deuteten sie als Beweis, dass Gott mit ihnen wäre. Als jedoch die ersten Kanonenkugeln vernichtend in die Wagenburg einschlugen, flüchteten die

Bauern in heillosem Entsetzen ohne Gegenwehr. Ihre Hauptleute Jost Winter und Bonaventura Kürschner konnten nur wenige zurückhalten und zum geordneten Kampf bewegen. Die Bauern rannten zu Fuß um ihr Leben, die feindliche Reiterei erreichte sie schnell und stach sie nieder. Um die 6000 sollen an diesem Tag dahingemetzelt worden sein. Ich stand gerade am Stadttor in Frankenhausen, als die ersten Flüchtigen eintrafen, die den Landsknechten entkommen konnten. Darunter war Thomas Müntzer. Ihm stand das Entsetzen ins Gesicht geschrieben, er war kaum bei sich. Ich zog ihn in ein Haus am Tor, fort von der Gasse. Die Bewohner waren bereit, Müntzer gegen Geld zu verstecken. Sie wussten allerdings nicht, wer er war, hielten ihn für einen einfachen Pfarrer. In einer staubigen Dachkammer zwischen Gerümpel und Heu zog Müntzer sich bis aufs Hemd aus, stopfte seinen Beutel unter das Strohlager und legte sich wie ein Kranker zwischen die Decken. Mit dieser List wollte er seine Verfolger täuschen. Vorher schrieb er eine kurze Nachricht an Ottilie. Ich nahm den Brief an mich und schlich vorsichtig aus dem Haus. Ich war nur ein kurzes Stück auf der Gasse gelaufen, da ritten auch schon die Landsknechte in die Stadt. Sie griffen mich, wollten mich gefangen setzen. Ich hatte jedoch das Bittschreiben meiner Auftraggeber für Herzog Georg vorzuweisen, so dass sie mich wieder frei ließen und zu ihm führten.

Währenddessen wurde Thomas Müntzer in seinem Versteck entdeckt. Der Landsknecht, der ihn entlarvte, bekam später 100 Gulden dafür ausgezahlt, einen wahrhaft fürstlichen Lohn. Vielleicht hat mich kurz vorher jemand aus dem Haus kommen sehen, seitdem geht das Gerücht um, Thomas Müntzer wäre verraten worden. Daher Spielhansels Lied.«

Henrich machte eine Pause und dachte nach. Was sollte er Mias jetzt noch erzählen?

»Diesen Brief an Ottilie, den habe ich in Regensburg«, sagte Mias leise.

»So hat sie ihn tatsächlich aufgehoben. Ottilie ist damals die ganze Zeit in Mühlhausen geblieben. Sie trug wieder ein Kind unter dem Herzen. Ihren Mann bekam sie in den letzten Wochen vor dem Schlachttag kaum zu Gesicht. Freunde sorgten für sie und den kleinen Sohn.«

Ja, dachte Henrich, Ottilie, wie oft hast du bittere Tränen geweint in diesen Tagen.

»Den Rest der Geschichte kennst du ja: Müntzer, Pfeiffer und ihre Anhänger wurden hingerichtet. Mühlhausen konnte durch meine Verhandlungen der Zerstörung gerade noch entgehen. Über die schweren Folgen für uns bis zum heutigen Tag hast du im Gerichtsprozess gegen die Kurmainzer etwas gelernt.«

»Jetzt verstehe ich endlich, wie das alles zusammenhängt«, sagte Mias leise und nickte ernst.

»Lass uns ein Stündchen schlafen, Junge. Es kommen noch andere Abende, an denen wir über die alten Zeiten sprechen können. Leg dich hier auf die Bank, ich schlafe im Sitzen.«

Henrich warf noch ein Holzscheit ins Feuer, zog eine Decke, die auf einem Stuhl lag, um seine Schultern. Mias bettete sich auf die Bank, wickelte sich in seinen Umhang und war kurz darauf fest eingeschlafen.

Henrich lauschte den ruhigen Atemzügen des jungen Mannes. Ach, Ottilie, dachte er. Könntest du uns doch hier sehen. Mich und deinen Sohn, den ich beginne zu lieben, als wäre es mein eigener. Er ist dir im Wesen so ähnlich.

Dann stiegen in Henrichs Erinnerungen Bilder auf, die er am liebsten für immer in eine Truhe gesperrt hätte. Er konnte es nicht verhindern, sie zogen an seinem inneren Auge vorbei, so klar und deutlich, als wäre alles erst gestern geschehen und nicht vor über zwanzig Jahren.

»Habt ihr schon gehört?«, lachte einer der Weißgerber in der Schänke, »ein Landsknecht hat gerade seine Lust an der Müntzerin ausgetobt. Der muss schon hochpeinliche Not gehabt haben. Ein schwangeres Weib, so begehrenswert ist sie doch auch nicht!« Alle Männer am Tisch grölten und lachten. Henrich, am Nebentisch, trank aus und verabschiedete sich unter einem Vorwand.

So schnell er konnte, war Henrich zu Ottilie geeilt. Sie wohnte immer noch in einer Kammer im Pfarrhaus von St. Marien. Die Tür stand offen, der Anblick brach ihm das Herz. Ottilie kauerte halbnackt in einer Ecke auf dem Fußboden. Der kleine Junge saß daneben und weinte vor sich hin. Henrich nahm die beiden mit in sein Haus. Ottilie sprach kein einziges Wort, starrte mit aufgerissenen Augen vor sich hin. Sie wusch sich stundenlang in einem Zuber, lag dann teilnahmslos im Bett, den dicken Bauch mit den Armen fest umschlungen.

Am nächsten Tag bat Henrich den neuen Ersten Bürgermeister Mühlhausens, vor den Fürsten für die Bestrafung des Landsknechts einzutreten.

»Mein lieber Henrich«, antwortete dieser schroff, »lass dir eines sagen: Wir sind nicht in der Lage, von den Fürsten etwas zu fordern, und schon gar nicht, was die Müntzerin betrifft. Schau gefälligst, dass du sie bald aus deinem Haus jagst. Sonst müssen wir den Kämmereiposten an einen anderen geben.«

Noch heute, viele Jahre später, spürte Henrich ohnmächtige Wut in sich hochsteigen, wenn er an dieses Gespräch dachte. Wut und Scham.

Am nächsten Abend war das Leben in Ottilies Augen zurückgekehrt.

»Henrich, was tun wir jetzt? Mias und ich können nicht bei dir bleiben – oder doch?« In diesem »oder doch« lag eine große Hoffnung. Die Hoffnung, dass er antworten würde: »Doch, natürlich könnt ihr bleiben. Wenn eine angemessene Zeit vergangen ist, werde ich dich heiraten.«

Doch Henrich schwieg. Er schwieg zu lange, während seine Gedanken sich im Kreise drehten.

Schließlich sagte Ottilie mit tränenerstickter Stimme: »Gut, dann will ich zu meinen Verwandten nach Nordhausen gehen. Das Kind wird Mitte September geboren, dann sind die neun Monate um.«

»Die Fürsten haben dem Rat befohlen, dich nicht aus der Stadt gehen zu lassen«, hatte er hilflos gestottert.

Ottilie hatte nur den Kopf geschüttelt und ihm den Rücken zugedreht.

Als Henrich am nächsten Tag mittags von seinen Geschäften zurückkehrte, war sie fort. Ohne einen Abschiedsgruß.

Nachdem er zwei Tage vor Kummer kaum gegessen und geschlafen hatte, brach Henrich nach Nordhausen auf. Die Verwandten hatten Ottilie weggejagt. Wie durch ein Wunder fand er sie unterwegs auf der Straße nach Erfurt. Er brachte sie und das Söhnchen zu seiner Muhme in die »Weiße Lilie«.

»Hier bist du mit Mias in Sicherheit. Ich muss in Mühlhausen noch etwas in Ordnung bringen. Nur wenige Tage, dann komme ich zu euch zurück«, versprach er ihr, »und dann wird alles gut.«

Doch daraus wurde nichts. Der Stadtrat forderte dringend Henrichs Dienste. Er tröstete sich damit, dass seine Muhme ja für Ottilie und Mias sorgen würde, und verschob die Reise nach Erfurt immer wieder. Als Henrich fünf Wochen später endlich in die »Weiße Lilie« kam, waren Ottilie und das Kind tot, Mias verschwunden. Seine Muhme verriet ihm nicht, wo Ottilie begraben und wohin der Junge geraten war. Nur, dass ein besseres Leben auf ihn warten würde.

Im selben Jahr noch wurde Henrich Stadtkämmerer, im Folgejahr heiratete er Dorotheas Mutter. Wenige Monate später wurde seine Tochter geboren. Dabei wurde ihm zum ersten Mal bewusst, dass eine Schwangerschaft ganze neun Monate nach der Zeugung dauerte. Ottilies Kind musste also Mitte Dezember gezeugt worden sein. Damals weilte ihr Ehemann bei den aufständischen Bauern in der Schweiz.

Mühlhausen. Im Herbst 1545

Mias rannte über das Feld. Schneller, schneller. Seine Lungen schmerzten, die Beine waren schwer wie Blei. Er hörte Pferdegetrappel, gleich hatten sie ihn eingeholt, gleich würde ihn die Lanze von hinten durchbohren. Gleich! Etwas packte ihn an der Schulter. Jetzt war es aus.

»Mias, wach auf. Komm zu dir, Junge.«

Es dauerte eine ganze Weile, bis Mias begriff, wo er war. Er lag auf einer harten Holzbank in einer kleinen Mühle in Thüringen. Um ihn herum war es stockfinster. Das Feuer im Ofen war erloschen, er fröstelte unter seinem Umhang, in den er sich fest eingehüllt hatte. Man schrieb das Jahr 1545. Die blutige Schlacht von Frankenhausen war seit über zwanzig Jahren vorbei. Langsam setzte er sich auf. »Meine Knochen«, ächzte er. Nacheinander streckte er vorsichtig Arme und Beine. Er fühlte sich wie ein Insekt nach einer kalten Frühlingsnacht. Steif und halb erfroren.

»Wir müssen bald los. Hier, trink.« Henrich schob den Becher über den Tisch in seine Richtung. Der väterliche Freund hatte sich in eine Decke gehüllt. Auch ihm brummte der Kopf. Er hatte im Sitzen nur wenig unruhigen Schlaf gefunden.

»Wir machen uns noch vor Sonnenaufgang auf den Rückweg und umgehen die Stadt im Wallgraben. Die Stadtmauer hinter dem Hauptmannshaus ist seit dem Aufstand an einer kleinen Stelle schadhaft. Dort können wir sie überwinden und unbemerkt in die Gassen gelangen. Dann steigen wir von hinten in meinen Garten. Ich weiß, wie wir heimlich ins Haus gelangen können. Wenn wir Glück haben, bemerkt niemand etwas von unserem nächtlichen Ausflug.« Henrich hatte sich schon einen Plan zurechtgelegt. Er stand auf und tastete sich zur Tür. »Magdalena«, rief Henrich mit gedämpfter Stimme in den hinteren Teil des Hauses. Die Müllerin kam kurz darauf mit einer Kerze in der Hand in den Raum. Sofort ging sie zum Ofen und machte sich daran, ein Feuer zu entfachen. Schnell zuckten die Flammen an dem trockenen Reisig empor. Es knackte und qualmte. Im Raum wurde es heller.

»Und nun?«, fragte sie Henrich. In diesen zwei Worten lagen viele Fragen verborgen: Ist der Junge wie sein Vater? Wird es wieder Aufruhr geben? Was ist letzte Nacht geschehen? Und warum seid ihr in mein Haus gekommen?

Mias stellte sich an das Feuer und wärmte seinen klammen Hände über den Flammen.

»Nun gehen wir zurück in die Stadt, mein zukünftiger Schwiegersohn und ich. Für die Treffen am letzten Freitag im Monat werden wir uns einen anderen Platz zu einer andern Zeit suchen müssen.« Auch Henrichs Antwort sagte viel mehr aus. Nein, von Müntzers Sohn würde kein Aufruhr ausgehen. Dennoch waren die friedliebenden Räte der Stadt verraten worden. Das war keine gute Nachricht.

Magdalena legte noch ein Holzscheit in die Flammen.

»Droht Gefahr?«, auch aus diesen zwei Worten hörte Henrich viel mehr. Werden sie wieder mein Haus verwüsten, mich schlagen, anspucken oder noch Schlimmeres?

»Nein, Magdalena, die alten Geschichten sind vorbei. Vor diesen müssen wir uns nicht mehr fürchten.« Henrich betonte »vor diesen«.

Beide wussten, dass andere, neue Geschichten das Leben der einfachen Leute jederzeit zur Hölle machen konnten.

Noch immer kämpften die Fürsten untereinander um Macht und Einfluss. Die Reformation kam ihnen gerade recht. Nun hatte man ein neues Unterscheidungsmerkmal: katholisch für die Kaisertreuen, evangelisch für die Gegner. Die Untertanen hatten der Gesinnung ihres jeweiligen Landesherrn zu folgen. Hatte Christus sich das Leben der Gläubigen so vorgestellt?

»Nun, was soll es«, sagte Magdalena leise, »wenn es ganz schlimm kommt, bin ich bald wieder mit meinem Mann und den Söhnen vereint.«

»Gott hat uns nicht vergessen, Magdalena. Das hat er nie.« Henrich wusste, dass menschliche leere Worte Magdalena nicht trösten konnten.

»Mias und ich werden sehen, was wir für den Frieden tun können, nicht wahr, mein Junge?«

Mias drehte sich vom Feuer um. »Ich danke Euch für Eure Gastfreundschaft, Magdalena. Wie kann ich das gutmachen?«

Magdalena zeigte voller Abscheu auf das Schwert Gideons, das immer noch auf dem Tisch lag, trat direkt vor Mias hin und legte ihm die Hand auf den rechten Unterarm. »Erhebt niemals dieses Schwert gegen einen anderen Menschen. Es ist verflucht, es wird sich immer gegen Euch selbst richten. Nehmt es nicht mehr in die Hand. Vernichtet es!«

Mias erschrak. Magdalenas Worte waren von einem tiefen zornigen Ernst durchdrungen.

»Ich werde es nicht mehr in die Hand nehmen, das verspreche ich Euch. Und ich will sehen, dass es der eigentliche Eigentümer vernichtet.« Alle schwiegen mehrere Atemzüge lang, bis Magdalena sich umdrehte und den Wassereimer aufhob. »Lebt nun wohl. Ich muss mich um meine Arbeit kümmern.«

Sie verließ den Raum durch die Hintertür.

»So, dann muss ich wohl Gideons Schwert tragen, wenn du es nicht mehr anfasst. Oder sollen wir es gleich in die Unstrut werfen?«, meinte Henrich lakonisch. Mias schüttelte den Kopf.

»Es wurde mir nur anvertraut. Ich muss es zurückgeben. Aber ich werde es niemals mehr gegen einen Menschen erheben.« Er griff nach der Waffe, wickelte sie wieder in den Beutel und hängte ihn sich über die Schulter. Dann brachen die beiden Männer auf.

Es hatte aufgehört zu regnen. Der Himmel war klar. Am Horizont sah man schon einen kleinen rosafarbenen Streifen. Sie mussten sich beeilen, bald würde die Sonne aufgehen.

Tatsächlich, die Stadtmauer hatte eine Lücke.

»Hier hat eine Kanonenkugel eingeschlagen, bei der Belagerung«, flüsterte Henrich, »wir werden das Loch dieses Jahr ausbessern. Gott sei Dank können wir es jetzt noch nutzen. Beide kletterten über das Geröll, das von der Mauer bis in den Wallgraben lag, zwängten sich durch die Lücke. Dann noch ein Stück auf der Stadtmauer entlang und ein mutiger Sprung, etwa mannshoch in die Tiefe. Sie standen in einer schmalen Gasse. Henrich stöhnte, er war nicht mehr der Jüngste. Solche Strapazen waren nichts für seine alten Knochen.

»Los, schnell weiter, bevor die Gassen sich füllen.«

Die beiden Gestalten, die kurz darauf durch die Lücke in der Stadtmauer schlüpften und ihnen in sicherem Abstand folgten, bemerkten sie nicht.

Schließlich kamen sie auf einem kleinen Weg an die Mauer, hinter der sich der Rothmannsche Garten verbarg. Die Äste des Apfelbaums lugten über die Mauerkrone. Mias bildete mit seinen Händen eine Steighilfe. Henrich schafft es beim zweiten Versuch, sich an einem Ast hochzuziehen, ein Bein über die Mauer zu werfen und sich rittlings aufzusetzen. Nun zog er Mias nach oben. Beide sprangen in das weiche Kräuterbeet hinab und duckten sich hinter die Beerenbüsche. Außer dem keuchenden Atem der Männer und Vogelgezwitscher war nichts zu hören. Inzwischen stand die Sonne als roter Feuerball über dem Horizont.

Da, ein klirrendes Geräusch, ein kurzer Schrei. Der Schrei einer Frau. Mias und Henrich blickten sich fragend an, duckten sich noch weiter in das Blattwerk der Büsche und warteten eine ganze Weile ab. Alles war wieder ruhig.

»Zwischen der Tür und der Wand ist ein kleiner Spalt. Nimm das Schwert, mit ihm kannst du den Schließhaken nach oben schieben und die Tür öffnen«, flüsterte Henrich in Mias Ohr. »Ich will mich einstweilen hier versteckt halten, bis du mich rufst.« Henrich deutete auf den kleinen Verschlag, der direkt an das Haus angebaut war. »Sei vorsichtig, Mias. Dorothea, Bärbel und Valtin sollen dich nicht kommen sehen.«

Mias nahm Gideons Schwert aus dem Beutel, schlich durch den Garten zur Tür. Vorsichtig führte er die Klinge in den schmalen Schlitz zwischen Türrahmen und Holz und fuhr langsam nach oben. Die Spalte wurde nach oben schmäler, ein hässliches schabendes Geräusch begleitete das letzte kurze Stück bis zum Haken. Mias hielt die Luft an. Nun musste er den Haken vorsichtig nach oben drücken, damit er aus der Verankerung sprang. Er klemmte. Mias drückte kräftiger. Nichts rührte sich. Was sollte er nur tun? Suchend sah er sich nach Henrich um, aber der war schon in sein Versteck verschwunden. Mias nahm nochmals alle Kraft zusammen. Mit einem lauten »Pling« löste sich der Haken, die Türe schwang quietschend auf. Mias warf Gideons Schwert hinter sich in Dorotheas Kräuterbüsche und schlüpfte schnell ins Haus. Er schloss die Tür leise und hängte den Haken wieder ein. In der Küche war es duster und kühl. Bärbel hatte noch kein Feuer gemacht. Mias schlich vorsichtig den Hausflur entlang und blickte die Treppe hinauf. Alles war ruhig. Merkwürdig ruhig. Bevor Mias diese Erkenntnis zu Ende denken konnte, traf ihn ein dumpfer Schlag auf den Kopf. Schmerz, Schwärze, dann stürzte er ins Nichts.

Kurze Zeit zuvor war Dorothea von lautem Pochen an das Haustor wach geworden. Wer begehrte denn schon so früh am Morgen Einlass? Sie öffnete ihre Kammertür und lauschte. Es klopfte wieder. Niemand machte auf. Wo war Valtin? Wo ihr Vater? Langsam stieg sie die Treppe hinunter.

»Wer da?«, rief sie zögerlich.

»Dorothea, um Himmels willen, macht auf. Eurem Vater ist etwas zugestoßen.«

Die dumpfe, drängende Männerstimme kam ihr bekannt vor.

Vater? Müsste der nicht in seinem Bett liegen?

»Wartet, ich komme gleich«, rief sie und eilte wieder in ihre Kammer. Schnell warf sie sich einen Umhang über die nackten Schultern. Ganz leise öffnete sie die Tür zum Schlafgemach ihres Vaters. Das Bett war leer. Dorotheas Herz schlug ihr bis zum Hals. »Matthias! Valtin! Bärbel!«, schrie sie so laut sie konnte, eilte zum Haustor und schob den schweren Riegel zurück. Caspar Künemund trat in den Hausgang, drückte das Tor wieder zu und verschloss es. Er griff die verstörte Dorothea am Arm und zog sie hinter sich her ins Speisezimmer. »Bleibt hier, Jungfer Dorothea, und rührt Euch nicht von der Stelle. Ich will erst sehen, ob der Übeltäter noch im Haus ist.« Er schloss die Tür hinter der fassungslosen, vor Angst zitternden Dorothea.

Bärbel machte sich gerade am Ofen in der Küche zu schaffen. Mit wenigen Schritten war Caspar hinter ihr und packte sie. Sie ließ den Schürhaken fallen, stieß einen kurzen Schrei aus. Der Mann presste seine fleischige Hand fest auf ihren Mund, schob sie entschlossen zur Bodenluke, die in den Vorratskeller führte, stieß sie grob hinunter, verschloss die Luke und schob eine schwere Bank darüber. Bärbel war er los. Nun musste er sich um den Knecht kümmern. Aus Valtins Kammer drang lautes Schnarchen. Caspar sah sich um. Nein, dem alten Greis wollte er nichts zuleide tun. Dort, die hohe Truhe, das musste ausreichen. Caspar zog sie mit Bärenkräften vor die Kammertür und stellte sie so hin, dass die Deckplatte den Türöffner blockierte. Das würde fürs Erste ausreichen.

Flink, wie man es dem behäbigen Mann sonst nicht zutrauen würde, eilte er zurück zu Dorothea.

»Caspar, so sagt doch, was ist geschehen? Was ist mit Vater?«, flehte Dorothea.

So gefiel ihm die Rothmanns-Tochter noch viel besser. Blass, zitternd vor Angst und nur halb bekleidet.

»Dorothea, nun müsst Ihr stark sein. Euer Vater ist einem heimtückischen Anschlag zum Opfer gefallen.«

Dorothea schluchzte lauf auf und ließ sich auf einen Stuhl fallen.

»Ist er …?« Sie wagte es nicht, dieses Wort auszusprechen. Caspar nickte.

»Das ist aber noch nicht alles, was ich Euch sagen muss.«

Dorothea hob entsetzt den Kopf und blickte Caspar an.

»Stellt euch vor, wer die feige Tat begangen hat.« Hier machte Caspar eine kleine Pause und genoss die Spannung. »Der Regensburger Matthias Kerner.«

»Nein, das kann nicht sein.« Dorothea blickte wirr im Raum umher. »Er liegt oben in seiner Kammer und schläft.«

»So, so, glaubt Ihr. Sollen wir nachsehen?«, spottete Caspar. Dorothea wollte sich an dem fülligen Mann vorbeidrücken, um zur Türe zu gelangen. Doch der hielt sie fest und presste sich an sie. »Nicht so schnell, Jungfer. Da oben werdet ihr nur ein leeres kaltes Bett finden.«

»Lasst mich los, Caspar!« Dorothea trat dem Mann mit aller Kraft auf den Fuß. Dieser lockerte, überrascht vom Schmerz, seinen Griff, Dorothea kam frei und eilte die Treppenstufen hinauf. Caspar humpelte wutentbrannt hinterher.

Matthias' Bett war leer. Unbenutzt, genau wie das ihres Vaters. Dann hatte Caspar Recht? Dorothea warf sich auf das Lager und weinte hemmungslos. Der Umhang war von ihren nackten Armen geglitten.

»Nun, was habe ich dir gesagt, du falsche Schnepfe?«, dachte Caspar. »Hast du es wohl schon getrieben mit ihm in diesem Bett? Jetzt ist es vorbei, niemand wird dir zur Hilfe kommen.« Er kniete sich neben sie, wollte die junge Frau im Nacken packen und ins Kissen drücken, doch dann hielt er inne. Nein, nicht jetzt. Das konnte warten, bis der Regensburger im Kerker oder tot war. Er zog Dorothea hoch, die wie ein willenloses Bündel schluchzend in seinen Armen hing, und stellte sie grob auf die Füße.

»Bedeckt Euch gefälligst. Wisst Ihr nicht, was Euer unzüchtiger Anblick mit einem ehrbaren Mann macht?«

Dorothea bückte sich, hob den Umhang auf und hüllte sich zitternd in den kratzigen Wollstoff. Widerstandslos ließ sie sich von Caspar hinunter ins Speisezimmer auf einen Stuhl schieben.

Da. Hatte er nicht ein schabendes Geräusch gehört? Caspar hielt inne und lauschte. »Pling« macht es, eine Tür quietschte. Verdammt, da versuchte jemand, ins Haus zu gelangen.

»Still, kein Laut!«, drohte er Dorothea.

Ja, da waren leise Schritte im Hausgang zu hören. Der Eindringling schlich am Speisezimmer vorbei und blieb an der Treppe stehen. Caspar griff nach dem kleinen eisernen Kerzenleuchter auf dem Tisch, während er flink hinaushuschte. Er erkannte sofort, wer da ins Haus gekommen war, holte aus und schlug dem Eindringling mit aller Kraft auf den Hinterkopf.

Der fiel einfach um wie ein gefällter Baum. Der Kerzenleuchter rollte scheppernd den Steinboden im Flur entlang. »Schwächling«, knurrte Caspar verächtlich. Er fasste den Bewusstlosen unter den Achseln, zog ihn zu Dorothea ins Speisezimmer und ließ ihn auf dem Boden liegen.

Als die junge Frau erkannte, wen Caspar überwältigt hatte, sprang sie auf und stürzte sich auf ihren Verlobten. »Matthias, sag, dass es nicht wahr ist! Oh, du Armer, du blutest ja. Matthias, bitte komm zu dir«, verzweifelt streichelte Dorothea sein Gesicht.

Caspar griff sie fest am Oberarm und zog sie weg. »Schluss jetzt, Jungfer Dorothea. Ihr werdet doch kein Mitleid mit dem Mörder Eures Vaters haben? Setzt Euch hier auf die Bank.« Mit geschickten Griffen band Caspar ein Stück Stoff fest um Mias Mund, zog zwei Stricke aus dem Hosenbund und fesselte auch noch Hände und Füße des Wehrlosen. Den Knebel und die zwei Stricke hatte er eigentlich für Dorothea mitgebracht. Dass er sie vorher für den Regensburger verwenden würde, gab der Sache unerwartet eine besondere Note. Caspar schmunzelte amüsiert vor sich hin.

»Aber wir können Matthias doch nicht einfach hier liegen lassen. Er blutet am Kopf, vielleicht stirbt er. Und wenn er meinen Vater gar nicht auf dem Gewissen hat?«, flehte Dorothea.

»Doch, doch – das hat er ohne Zweifel. Es gibt Zeugen. Ich schicke jetzt Valtin die Stadtwache holen.« Caspar ging aus dem Raum.

Dorothea eilte wieder zu dem regungslos auf dem Boden liegenden Mias. Mit zitternden Fingern versuchte sie, den Knebel zu lockern. Vergeblich, der Knoten war zu fest. Mias stöhnte.

»Matthias, hörst du mich? Komm zu dir«, flehte Dorothea. Mias öffnete langsam die Augen und verzog schmerzerfüllt das Gesicht.

Caspar kam wieder in den Raum. »So, ist der feine Herr aufgewacht. Da kann er sich auch auf den Stuhl setzen.« Caspar packte Mias unter den Achseln, schleifte ihn zum Tisch und ließ ihn grob auf den Lehnstuhl fallen, der sonst immer Henrichs Platz war. Mias gab dumpfe Schmerzlaute von sich.

»Matthias, bitte sag, dass es nicht wahr ist. Du hast meinem Vater doch nichts angetan!« Tränen liefen über Dorotheas Wangen. Mias versuchte den Kopf verneinend zu bewegen, rollte mit den Augen und gab unverständliche Geräusche von sich.

»Das wird sich alles gleich aufklären, Jungfer Dorothea. Haltet derweilen lieber Abstand von diesem Unhold.« Caspar zog Dorothea von Mias fort auf die Bank hinter dem Esstisch. Die folgenden Minuten vergingen in zäher Stille.

Das Haustor wurde rumpelnd geöffnet. Laute Schritte im Flur, Männerstimmen. Gleich darauf betrat der Hauptmann der Stadtwache mit vier Soldaten das Zimmer. »Gott zum Gruß, Jungfer Dorothea. Was gibt's zu solch früher Stunde, Meister Künemund?«

Caspar wies auf Mias. »Er hat letzte Nacht Henrich Rothmann heimtückisch erschlagen. Die Leiche liegt im Wallgaben, im Gebüsch neben dem großen Felsen.«

Dorothea schlug die Hände vors Gesicht und brach in lautes Gejammer aus.

Mias versuchte trotz seines Knebels zu sprechen, aber es kam nur ein zorniges »Hnnnn, hnnn!« heraus. Der Stadthauptmann zwirbelte seinen Schnurrbart und überlegte. »Und aus welchem Grund sollte er das getan haben?« Er wandte sich an Dorothea: »Wolltet ihr zwei nicht heiraten?« Die nickte schluchzend.

»Habt Ihr Beweise, Meister Künemund?«

»Nun, lasst Eure Männer den Wallgaben rechts vom Frauentor untersuchen. Dort muss die Leiche liegen. Schickt außerdem ein paar Männer ins Pfarrhaus von St. Marien und nehmt

Andreas Kuntze gefangen. Ihr werdet dort genug Beweise für eine große ketzerische Verschwörung finden.« Caspar genoss seine Überlegenheit. Endlich bekamen alle ihre verdiente Strafe.

Der Stadthauptmann gab ein paar kurze Befehle. Seine Männer eilten los.

»Sagt, woher wisst Ihr das alles?«, wandte er sich danach an Caspar.

»Ich habe es mit eigenen Augen gesehen«, log Caspar, »und ich habe einen Zeugen.«

»Und wo ist Euer Zeuge?«

»Er wird zur gegebenen Zeit seine Aussage machen.«

Während der nächsten Minuten starrte Caspar angestrengt durch das kleine Fenster auf die Straße. Der Hauptmann ging mit hinter dem Rücken verschränkten Händen im Zimmer auf und ab. Dorothea vergrub ihr Gesicht in den Händen und schluchzte vor sich hin. Mias kämpfte gegen die Ohnmacht an, die ihn immer wieder überwältigen wollte. Niemand sprach ein Wort.

Zwei Soldaten kamen atemlos zurück. Sie hatten im Wallgraben beim Frauentor, dort beim großen Felsen, zwar einige abgebrochene Äste und zerdrücktes Gras entdeckt – aber keine Leiche.

Dorotheas Kopf schoss in die Höhe. »Keine Leiche, sagt Ihr? Auch kein Blut?« Dann war Vater vielleicht doch nicht tot?

Caspar war sprachlos. Hatte ihm der Bote nicht berichtet, der Regensburger hätte sich mit einer Waffe in der Hand auf Henrich geworfen? Beide seien in die Büsche gestürzt? Sie hätten kurz gekämpft und danach wäre alles ganz still gewesen? Später sei jemand in Richtung außerhalb der Stadt weggelaufen?

»Hnnnng, hnnnng!« Mias versuchte, die Aufmerksamkeit des Stadthauptmanns auf sich zu lenken. Dieser warf Caspar einen nachdenklichen Blick zu und drehte sich dann zu Mias um.

»Nun, lasst uns den Beschuldigten dazu befragen.« Der Soldat versuchte mit den Fingern, Mias' Knebel zu lösen. Vergeblich. Er nahm seinen Dolch und schnitt den Stoff durch. Mias keuchte, hustete und würgte. In seinem Kopf brummte es wie in einem Hummelnest, er konnte ihn vor Schmerz kaum bewegen.

»Matthias, bitte sag, dass es nicht wahr ist!«, flehte ihn Dorothea an.

»Ich weiß, wo Henrich ist. Wenn Ihr mir die Fußfessel löst und mich bis zur Tür, die von der Küche in den Garten führt, gehen lasst, löse ich Euch das Rätsel«, krächzte Mias stockend.

»Tut das lieber nicht! Er will fliehen, der Hund!«, schnaubte Caspar zornig.

»Das glaube ich nicht, so wie der auf den Beinen ist«, lachte der Hauptmann, schnitt auch Mias Fußfesseln auf und gab seinen Soldaten mit dem Kopf einen wortlosen Befehl. Sie nahmen Mias rechts und links am Oberarm in festen Griff und gingen mit ihm hinaus in die Küche.

»Ihr bleibt da. Beide!«, befahl er Caspar und Dorothea.

Mias konnte sich kaum auf den Beinen halten, alles drehte sich vor seinen Augen. Die Soldaten stießen die Türe zum Garten auf. Mias nahm alle Kraft zusammen und rief, so laut er konnte. »Henrich, Henrich, bitte komm ins Haus.«

Alles blieb ruhig. Nur die Geräusche der inzwischen erwachten Stadt waren zu hören. Kindergeschrei, Klappern der Fuhrwerke auf der Breiten Gasse.

»Henrich, die Stadtwache ist hier. Alles klärt sich auf. Bitte komm ins Haus«, rief Mias noch einmal laut in den Garten. Henrich musste ihn gehört haben!

Nichts geschah. »Los, komm«, knurrte einer der Soldaten. Dann schleiften sie Mias wieder ins Speisezimmer.

»Eine Finte, Hauptmann, wahrscheinlich dachte er wirklich an Flucht.«

»Matthias«, rief Dorothea enttäuscht.

»Vertrau mir, Herzlieb«, raunte Mias ihr zu.

Der Hauptmann wurde ungeduldig. »Ihr habt die Vorwürfe gehört. Habt Ihr Henrich Rothmann aufgelauert, wie Meister Künemund behauptet? Und jetzt antwortet die Wahrheit!«

Mias überlegte fieberhaft, was er nun sagen sollte. »Du sollst nicht lügen«, hörte er eine leise Stimme in seinem Herzen. Aber wie konnte er den Überfall auf Henrich zugeben, ohne die komplette Wahrheit aufzudecken? Eine Zwickmühle.

Mias sah in Dorotheas große fragende Augen. Welch ein Schmerz lag darin, welch große Enttäuschung. Daran war er schuld.

»Ihr könnt jetzt auch schweigen und auf das Verhör im Kerker warten. Da erfahren wir zumeist die Wahrheit. Wir haben unsere Mittel«, drohte der Hauptmann.

Mias holte tief Luft. »Ich habe Henrich Rothmann nicht getötet.«

»Lügner«, zischte Caspar, »ich habe doch gesehen, wie du dich von dem Felsen aus auf ihn gestürzt hast.« Dann war es also Caspar gewesen, der sie gestern im Wallgraben beobachtet hatte? Die Zwickmühle wurde enger. Sollte er den Überfall nicht lieber zugeben?

»Ich …«, hob Mias nach einigen Atemzügen an, »ich …«

»Ja, wir waren gestern miteinander im Wallgraben, aber Matthias Kerner hat mich nicht umgebracht.« Henrich war von allen unbemerkt in den Raum getreten. Dorothea sprang mit einem Freudenschrei auf und fiel ihrem Vater um den Hals.

Caspar packte das Entsetzen. Henrich Rothmann lebte! Wie konnte das sein?

»Meister Künemund, das müsst Ihr mir jetzt schon erklären.« Dem Hauptmann wurde diese Sache jetzt langsam zu bunt. Kein Überfall, keine Leiche. Und deswegen hatte ihn dieser fette Gewürzhändler aus dem warmen Bett geholt?

»Es ist ein Komplott«, stammelte Caspar, »wartet noch ab, was Eure Männer im Pfarrhaus bei Andreas Kuntze finden.«

Henrich ergriff das Wort. »Hauptmann, lasst mich, Matthias Kerner und Meister Künemund unter sechs Augen sprechen. Vielleicht können wir die Sache aufklären, ohne dass es der Gerichtsbarkeit bedarf. In der Zwischenzeit könnt Ihr und Eure Männer in meinem Haus auf Nachricht aus dem Pfarrhaus warten. Dorothea und Bärbel werden euch ein Frühstück bereiten.«

Dorothea erschrak. Wo war eigentlich Bärbel? Sie rannte aus dem Zimmer.

»Nun gut, aber niemand verlässt das Haus.« Die Aussicht auf ein Frühstück hatte den Hauptmann wieder milder gestimmt. Er nahm seinen Dolch und schnitt auch Mias Handfesseln durch. Dieser rieb sich vorsichtig die schmerzenden Gelenke.

Alle bis auf Caspar, Mias und Henrich verließen das Speisezimmer. Der Hausherr schloss die Tür hinter ihnen. Mit einer Handbewegung hieß er alle am Tisch Platz nehmen.

»Ihr habt recht: Es handelt sich um ein Komplott. Um ein Komplott gegen mich. Caspar Künemund, was habe ich Euch getan, dass Ihr mir nach dem Leben trachtet?«

Der Gewürzhändler saß mit vor der Brust verschränkten Armen und trotzigem Gesichtsausdruck Henrich gegenüber.

»Der Regensburger hat Euch doch überfallen, wollt Ihr das leugnen?«

»Und Ihr wollt das mit eigenen Augen gesehen haben?«

Caspar schwieg. Nein, er hatte nur den Worten des Boten Glauben geschenkt. Hatte dieser ihn belogen? Was hatte sich wirklich im Wallgraben abgespielt? Blitzschnell überdachte Caspar die Tatsachen: Henrich lebte, er war allerdings genau wie der Regensburger nachts nicht zu Hause gewesen. Die Soldaten hatten Spuren eines Kampfes im Wallgraben gefunden.

Hoffentlich fanden sie bei Andreas Kuntze genügend Ketzerschriften. Vor allem den Brief, den er ihm zugespielt hatte.

»Wenn Ihr vor Gericht den Überfall leugnet, so werde ich Eure geheimen Treffen mit den Ratsherren offenbaren.« Caspar entschied sich, zum Angriff überzugehen.

»Was ist schon dabei, wenn sich ein paar alte Männer bei einem Bier treffen, um miteinander zu disputieren?«, fragte Henrich trocken.

»Außerhalb der Stadtmauer, in einer alten Mühle, wo sich schon das Bauerngesindel um Müntzer versteckt hielt, treffen sich im Geheimen einige Ratsherren, die verschiedenen Parteiungen angehören, und hecken das Wohl und Wehe über unsere Stadt aus … da soll nichts dabei sein?«, spottete Caspar mit zornigem Unterton. »Ihr wart schon immer ein Verräter und seid es immer noch.«

Ach daher weht der Wind, dachte Henrich traurig. Die alten Geschichten. »Caspar, was genau werft Ihr mir vor? Wenn es nach mir geht, müssen wir diese Sache nicht vor Gericht ausmachen, sondern können unter Ehrenmännern darüber reden. Dafür müsst Ihr aber die Karten auf den Tisch legen.« Henrich konnte es nicht recht sein, wenn die Treffen der Ratsherren an die Öffentlichkeit kamen. Sie taten zwar nichts Verbotenes, aber das würde wieder Saat für Gerüchte, Zwietracht und Unruhen in der Stadt geben.

»Gut. Obwohl ich glaube, dass Ihr sehr gut wisst, was ich meine, spreche ich es noch einmal aus, damit Euch Euer Schwiegersohn von einer anderen Seite kennenlernt. Ihr habt meinen Vater damals vor den Fürsten verleumdet, so dass sie ihn hingerichtet haben«, stieß Caspar hasserfüllt hervor.

»Wer hat das behauptet?«, fragte Henrich scharf zurück.

»Heinrich Baumgart. Er hat es seiner Tochter Rosina erzählt. Den Baumgart habt ihr indirekt auch auf dem Gewissen.«

Henrich seufzte. Er erinnerte sich gut an das Verhör, das Philipp von Hessen mit Baumgart führte. Indem er andere Anhänger Müntzers ans Messer lieferte, wollte sich der ehemalige Mühlhausener Bürgermeister einen Vorteil verschaffen. Sollte er Caspar davon erzählen? Dann würde der Hass unter den Mühlhausener Bürgern ja nie enden.

Abgesehen davon: Die Schimpfworte mit denen Caspars Vater die Siegerfürsten bedacht hatte, reichten damals für sich alleine schon aus, um ihn einen Kopf kürzer zu machen. Da hatte es keiner zusätzlichen Verleumdungen bedurft.

»Caspar, ich habe Euren Vater nicht ans Messer geliefert. Das ist eine gemeine Lüge. Damals habe ich dem alten Rat als geheimer Mittler zu den Fürsten gedient, um die Zerstörung Mühlhausens und die Not vieler Frauen und Kinder zu verhindern. Dies hat etlichen Gerüchten um meine Person Nährboden gegeben. Aber glaubt mir: Euer Vater hat sich selbst um Kopf und Kragen geredet, denn er hat Müntzers Feldzug vor den Fürsten bis zuletzt verteidigt und nicht um Gnade gebettelt. Er ist als aufrechter Mann wissend in den Tod gegangen. Ich war damals nicht auf seiner Seite, aber ich hatte Respekt vor seiner Aufrichtigkeit.«

Caspar schwieg. Konnte das sein? »Könnt Ihr das beweisen?«

Henrich dachte nach. »Nun ja, in Kürze kommt Herzog Moritz in die Stadt, um die diesjährige Sühnezahlung entgegen zu nehmen. In seinen Diensten ist immer noch der alte Sekretär Oskar von Wellingerode. Er war damals bei allen Verhören anwesend. Ihr könntet mit ihm darüber sprechen. Mehr Beweise kann ich Euch nicht anbieten.«

»So kann ich Euch nun glauben, oder es lassen«, antwortete Caspar bissig.

»Wollt Ihr es nicht lieber glauben, Euren Hass begraben und in Frieden weiter leben? Die Zeiten sind doch so auch schon schwer genug. Und bedenkt, Caspar: Eines Tages werden wir alle vor Gottes Thron Rechenschaft geben müssen über unsere Taten. Dort gibt es eine letzte wahrhaftige Gerechtigkeit. Nur dort.«

»Das kann ich nicht glauben«, stieß Caspar hervor, »Euren Gott, sei er katholisch oder evangelisch, könnt ihr Euch an den Hut stecken. Er hat tatenlos zugeschaut, als Müntzer Tausende von Bauern zur Schlachtbank führte. Er hat weggeschaut, als unschuldige Kinder bei der Hinrichtung ihrer Väter zusehen mussten. Wenn es ihn überhaupt gibt, dann ist er weder gerecht noch gütig. Schaut Euch doch um in der Welt, das ist Beweis genug!«

»Ob Ihr mit Gott ins Reine kommen wollt, ist Eure persönliche Sache mit Gott. Aber mit mir könnt Ihr Frieden machen, Caspar. Ich biete Euch meine Hand. Lasst uns in Zukunft keine Feindschaft gegeneinander hegen.« Henrich streckte Caspar seine Rechte hin.

Caspar überlegte. Plötzlich fühlte er sich müde, sehr müde. Vorerst musste er sehen, dass er ungeschoren aus der Sache herauskam.

Danach konnte er weiter überlegen.

»Ich will erst mit diesem Sekretär sprechen und hören, ob Ihr mir wirklich die Wahrheit gesagt habt.« Caspar ignorierte Henrichs ausgesteckte Hand.

Der Stadtkämmerer zog seine Rechte zurück und nickte traurig. »Das tut, Caspar.« Dann stand er auf, öffnete die Tür und rief nach Dorothea.

Mias hatte das Gespräch schweigend verfolgt. Warum Henrich mit Caspar Frieden machen wollte, war ihm ein Rätsel. Zum Nachdenken kam er jedoch nicht, denn Dorothea eilte ins Zimmer und schlang ihre Arme um ihn. Mias stöhnte vor Schmerz auf. Seinen dröhnenden Kopf konnte er immer noch nicht drehen. Ihm war schwindelig und übel, am liebsten hätte er sich auf der Stelle in sein Bett gelegt.

Auf dem Flur hörte man erregte Männerstimmen. Der Hauptmann betrat mit seinen Männern die Stube. Jetzt waren auch die anderen Soldaten zurück, die er zum Pfarrhaus geschickt hatte. Sie legten einen Stoß Schriften auf den Tisch. »Das haben wir bei Pfarrer Kuntze gefunden. Er selber war nicht zu Hause. Er ist am Mittwoch zu einer Reise nach Dessau aufgebrochen, um seine Eltern zu besuchen.«

Caspar sah mit einem Blick, dass der verhängnisvolle Brief an die Getreuen nicht dabei war.

»*Deutsch-Evangelische Messe von Thomas Müntzer*, fünf Exemplare«, las der Hauptmann vor, »hier noch eine Schrift *Von dem gedichteten Glauben*.«

»Habe ich es Euch nicht gesagt«, meinte Caspar mit Genugtuung in der Stimme, »lauter Ketzerschriften von Thomas Müntzer. Und das im Haushalt eines evangelischen Pfarrers.«

»Nun, ich besuche selber Kuntzes Gottesdienste. Aufrührerisch gepredigt hat er jedenfalls nie. Diese Schriften wird man noch in etlichen Häusern Mühlhausens finden. Ohne Müntzers Person richten sie keinen Schaden mehr an. Was meint Ihr, Henrich?«, fragte der Hauptmann.

Henrich nickte zustimmend. »Das wird wohl so sein.«

»Meister Künemund, Eure Sorge um unser Seelenheil in allen Ehren. Aber das reicht für eine Beschuldigung von Pfarrer Kuntze nicht aus.« Der Hauptmann wollte die ganze Angelegenheit zu einem Ende bringen. Er hatte schließlich noch anderes zu tun. Wichtigere Dinge.

Caspar durchdachte blitzschnell seine Möglichkeiten. Wie kam er ungeschoren und erhobenen Hauptes aus der Sache wieder heraus?

»Gott sei gedankt, ich hatte schon das Schlimmste befürchtet. Umso besser, wenn sich jetzt alles zum Guten aufgeklärt hat. Ich bitte um Verzeihung, dass ich Euch vergeblich bemüht habe. Es geschah nur, weil ich das Wohl unserer Stadt im Sinne hatte.« Caspar gab sich freundlich zerknirscht.

»Dann sind wir hier ja nicht mehr vonnöten?«, wandte sich der Hauptmann in die Runde. Niemand widersprach.

»Nun gut, so lebt wohl. Kommt, Männer.« Die Soldaten verließen das Haus.

Mias erklomm mit Dorotheas Hilfe die Treppen zu seiner Kammer. Er wollte nur noch eines: seinen dröhnenden Schädel auf ein weiches Kissen betten und schlafen.

Henrich und Caspar standen sich im Hausflur schweigend gegenüber und musterten einander.

»Wenn Ihr das Wohl Mühlhausens im Sinn habt, Caspar, so lasst uns über die ganze Sache Schweigen bewahren.« Henrich dachte an die geheimen Treffen der Ratsherrn, die Caspar zu verraten gedroht hatte.

»Und wenn Ihr Euer persönliches Wohl sucht, so lebt nicht mit Euren Gedanken in einer grausamen Vergangenheit, die man nicht mehr ändern kann. Die Bitterkeit wird Euch sonst auffressen. Glaubt mir, auch ich musste das lernen.«

Caspar schwieg zu Henrichs Ratschlägen.

»Lebt wohl, Magister Rothmann. Die Zukunft wird weisen, ob Ihr die Wahrheit gesagt habt oder ob Ihr doch ein Verräter seid.« Caspar drehte sich schwungvoll um und ging festen Schrittes hinaus auf die Gasse.

Ja, ich war ein Verräter, dachte Henrich traurig, aber ganz anders, als du denkst. Unter den Folgen ein Leben lang zu leiden ist schlimmer, als durch einen Dolch ein schnelles kurzes Ende zu finden. Könnte ich nicht glauben, dass mir der barmherzige Gott diese Sünden vergeben hat, so hätte ich den Dolch schon längst in die Hand genommen.

Rosina hatte Caspar voller Ungeduld erwartet.

»Ist dein Plan aufgegangen? Erzähl, mein Liebster«, überfiel sie ihn gleich an der Tür. Im selben Moment bemerkte sie, dass der Gewürzhändler schlechter Laune war.

Caspar schüttelte Rosinas Umarmung ab und ging wortlos zu dem Schachbrett. Was war geschehen? Rosina kannte ihren zukünftigen Gemahl in verschiedenen Gemütszuständen, sie wusste, wie man seinen Zorn besänftigen konnte und seine Leidenschaften anfeuern. Doch diese Stimmung hatte sie noch nicht an ihm kennengelernt. Das machte ihr Angst. Rosina zog sich leise in den hinteren Bereich des Raumes zurück.

Caspar setzte sich auf einen Schemel vor das Schachbrett-Tischchen und starrte regungslos auf die Figuren. Minuten vergingen.

Nach einer ganzen Weile bückte er sich und nahm ein Körbchen, das für die Aufbewahrung der Figuren unter dem Tisch stand, auf den Schoß. Nacheinander holte er die schwarzen Figuren vom Brett.

Zuletzt den Bauern, die Dame, dann den König. Den schwarzen Turm hielt er lange zwischen den Fingern, bevor er ihn in das Körbchen legte.

Zum Schluss standen noch die weiße Dame, der weiße König und der schwarze Läufer auf dem Spielfeld. Der Läufer, dieser verdammte Läufer!

»Was ist geschehen, Liebster?« Rosina hatte sich hinter Caspar gestellt und legte ihm vorsichtig die Hand auf die Schulter. Diesmal ließ er sie gewähren, lehnte sich zurück und schmiegte seine Wange in ihre Armbeuge.

»Dieses Spiel ist vorbei.« Endlich sagte Caspar etwas.

»Haben wir … gewonnen?« Rosina blickte auf die Figuren. König und Dame standen noch auf dem Brett.

»Verloren haben wir nicht.«

»Was betrübt dich dann so sehr?«

»Alles ist möglicherweise ganz anders, als wir glaubten.«

»Was ist anders?«

»Rothmann behauptet, er habe meinen Vater nicht verleumdet. Vater hat sich ganz bewusst gegen die Fürsten gestellt und seine Hinrichtung in Kauf genommen.«

»Dann ist der Anschlag misslungen? Rothmann lebt?«

Caspar nickte. »Rothmann lebt. Er deckt den Regensburger, obwohl dieser ihn überfallen hat. Falls er ihn wirklich überfallen hat. Vielleicht hat mich auch der Bote angelogen. Kuntze ist auf Reisen. Man kann ihm keine Ketzerei nachweisen. Rothmann hat unseren Plan durchschaut.«

»Und jetzt?« Rosina erschrak zutiefst.

»Nichts weiter. Ich werde bald herausfinden, wie das mit Vater wirklich war.«

»Glaubst du, dass mein Vater mich belogen hat? Er hat Rothmann immer nur den ›Verräter‹ genannt.« Rosina war entrüstet.

Caspar wiegte nachdenklich seinen Kopf hin und her. »Vielleicht ist dein Vater ebenfalls einem falschen Gerücht aufgesessen? Wie dem auch sei: In wenigen Wochen wissen wir mehr. Ich werde mit einem Augenzeugen von damals sprechen. Henrich Rothmann wird uns nicht gefährlich. Ihn habe ich mit seinem Geheimnis in der Hand. Der schwarze König ist für diesmal entkommen. Vorerst halten wir still. Wenn die Zeit reif ist, beginnen wir ein neues Spiel.«

»Ach Rosina«, der massige Mann stand auf und nahm seine Geliebte fest in den Arm, »gut, dass wir einander haben. Lass uns auf andere Gedanken kommen und über unsere Hochzeit sprechen.«

Am Abend saßen Mias und Henrich im Speisezimmer beim Nachtmahl. Die beiden Männer hatten den ganzen Nachmittag lang geschlafen. Mias fühlte sich ein wenig besser. Zwar konnte er noch nicht nach unten schauen, ohne dass ihm schwindelig wurde. Der Schlag auf den Kopf hatte eine große schmerzende Beule hinterlassen, aber das Dröhnen und Rauschen in seinen Ohren war fast verschwunden. Auch Henrich tat der Rücken weh. Er war immer noch unendlich müde. Für solche Abenteuer wie letzte Nacht war er inzwischen wahrhaftig zu alt.

Dorothea umsorgte beide liebevoll, goss ihnen die Becher voll, schöpfte die Suppe in die Teller, reichte Brotstückchen zum Eintunken in einer Holzschale herum. Dann setzte sie sich ebenfalls an den Tisch.

»Nun müsst ihr mir aber verraten, was in der letzten Nacht wirklich geschehen ist. Wie kommt der Künemund dazu, sich so aufzuspielen?«

Henrich und Mias tauschten wissende Blicke aus. Mias überließ seinem zukünftigen Schwiegervater das Wort.

»Matthias und ich waren beide in einem geheimen Auftrag unterwegs. Mehr können wir dir darüber nicht sagen. Künemund hat einige Beobachtungen gemacht und diese völlig falsch gedeutet. Mir scheint außerdem, er ist eifersüchtig auf Matthias.«

Dorothea nickte. »Oh, ja. Du hättest sehen sollen, wie grob er mit ihm umgesprungen ist, bevor die Stadtwache kam. Er hat ein böses Herz. Das wusste ich schon immer.«

»Hm, sei vorsichtig, Tochter. Was tief in den Herzen der Menschen steckt, weiß nur Gott. Caspar hat als Kind Grauenhaftes mit ansehen müssen; das hat ihn verstört.«

»Was denn?«, wollte Dorothea neugierig wissen.

»Die Siegerfürsten haben ihn gezwungen, bei der Hinrichtung seines Vaters ganz nah dabei zu stehen und zuzuschauen. Seine Mutter hat die Schande nicht verwunden und sich kurz darauf das Leben genommen. Die Kinder wurden unter die Verwandtschaft verteilt. Caspar kam nach Bremen zu einem Oheim. Dort ist er Gewürzhändler geworden und erst etliche Jahre später wieder nach Mühlhausen zurückgekehrt.«

Dorothea schwieg. Das war wirklich ein schweres Schicksal, aber Mitleid für Caspar vermochte sie trotzdem nicht zu empfinden.

Mias räusperte sich. »Ich schreibe morgen einen Brief an meine Eltern. Sobald ich gesund bin und reiten kann, werde ich nach Regensburg aufbrechen. Zu Hause spreche ich mit meinen Eltern über unsere Hochzeit und bereite alles vor. Dann kommt ihr beide zu uns und seht, wo und mit wem Dorothea in Zukunft leben wird. Was meint ihr dazu?«

»Einverstanden«, lachte Henrich, »nach Regensburg wollte ich schon immer einmal reisen und jetzt gibt's einen guten Grund dafür.«

»Und du, Dorothea?«, wollte Mias wissen.

Dorothea errötete, ihre Augen glänzten glücklich. »Ja, das machen wir so.«

»Schade, dass Andreas Kuntze auf Reisen ist. Von ihm hätte ich mich gerne verabschiedet«, meinte Mias nachdenklich. Und dann fiel ihm etwas ein. Wie hatte er das vergessen können! Er sprang auf. Zu schnell, er musste sich am Tisch festklammern, bis sich das Zimmer nicht mehr um ihn herum drehte.

»Ich muss in den Garten, ich habe etwas draußen vergessen.« Mias eilte, so schnell es ihm möglich war, durch Flur und Küche ins Freie. Es war schon dunkel. Ein halbrunder Mond tauchte alles in ein fahles Licht. Hier musste es irgendwo liegen. Mias suchte den Boden zwischen den Kräuterbüschen ab. Nichts. Ihm war übel. Vielleicht dort drüben? Henrich und Dorothea waren ihm gefolgt.

»Was suchst du denn? Kann ich dir helfen?«, wollte die junge Frau wissen.

»Hol bitte eine Laterne, damit wir mehr Licht haben«, bat Heinrich. Als sie ins Haus verschwunden war, flüsterte er Mias zu: »Schnell, bevor sie zurückkommt, wo hast du es versteckt?«

»Ich habe es hier in die Kräuter geworfen. Ich habe genau gesehen, wie es zwischen den Busch und die Mauer gefallen ist. Es ist nicht da!« Mias strich hektisch mit den Handflächen über die Kräuterbüsche. Der Geruch nach Petersilie und Liebstöckel stieg in die Luft. Gideons Schwert war ein großer Gegenstand, den man nicht so einfach übersehen konnte. Doch die Männer fanden nichts und gingen wieder zurück zum Haus. Dort kam ihnen Dorothea mit der Laterne entgegen. »Soll ich Euch nicht leuchten?«, fragte sie atemlos.

»Nein, wir schauen bei Tageslicht noch einmal nach«, vertröstete sie Henrich. Gideons Schwert war verschwunden. Gestohlen? Aber von wem? Valtin oder Bärbel? War die Stadtwache noch einmal im Garten gewesen? Oder gar Caspar? Mias war zutiefst beunruhigt. Henrich befragte Bärbel und Valtin. Erfolglos. Ihnen war nichts im Garten aufgefallen.

»Und jetzt?«, wollte Mias verzweifelt wissen.

»Hm, warten wir bis morgen früh und sehen noch einmal nach.«

Mias konnte die ganze Nacht nicht schlafen. Kurz nach Sonnenaufgang schlich er die Treppe hinunter und traf auf Henrich, dem es genauso ergangen war. Leise liefen sie durch die Küche in den Garten. Herbstnebel hing über der Stadt, es roch erdig nach Laub und Holzfeuer. Alles war nass. Die Männer suchten den Garten akribisch ab. Nichts. Henrich ging zu der Stelle neben dem Apfelbaum, an der sie tags zuvor die Gartenmauer überwunden hatten. Er winkte Mias zu sich. »Sieh her«, sagte er und deutete in das weiche Erdreich. Dort waren Abdrücke von Stiefeln zu sehen. Henrich setzte seinen Fußabdruck daneben, um einen direkten Vergleich zu haben. Mias tat es ihm nach. Tatsächlich: da waren noch andere Spuren, die ihren nicht ähnelten. Jemand war auf dem gleichen Weg in den Garten eingedrungen und hatte Gideons Schwert gestohlen.

»Was nun?«, fragte Mias tonlos.

Henrich hob die Schultern. »Ich weiß es nicht. Wir können nur abwarten.«

»Was sage ich Andreas Kuntze?«

»Die Wahrheit, Mias.«

Einige Tage später klopfte es an das Tor des Rothmannschen Hauses. Dorothea und Henrich waren ausgegangen.

»Da ist ein Mann mit einem dringenden Brief für Euch an der Tür.« Die Magd holte Mias aus einem Schlummer, für den er sich nach dem Mittagsmahl in seine Kammer zurückgezogen hatte. Er war noch nicht voll bei Kräften, obwohl der Schlag auf den Kopf nun schon eine ganze Zeit her war.

»Ich komme gleich.« Mias tappte Schritt für Schritt die Treppe hinunter. Jedes Mal wurde ihm schwindelig, wenn er nach unten schaute. An der Tür wartete, auf eine Krücke gestützt, ein Mann. Spielhansel. »Gott zum Gruß«, hob dieser an, »hier bringe ich Euch eine Nachricht von Andreas Kuntze.« Er hielt Mias ein versiegeltes Schreiben entgegen.

»Wie geht es ihm? Wo ist er?«, erkundigte sich Mias nach dem Freund.

»Es geht ihm gut. Der Brief wird Euch alles erklären.« Spielhansel sah Mias direkt in die Augen. »Darüber hinaus bitte ich Euch, mich morgen vor dem Mittagsmahl auf einem Spaziergang zu begleiten. Ich habe etwas mit Euch zu bereden. Treffen wir uns hinter dem äußeren Tor auf dem Weg nach Görmar um die zehnte Stunde?«

Mias wunderte sich. Was wollte der Spielmann von ihm? War das eine neue Falle?

»Ich war krank und bin noch nicht bei Kräften für einen langen Spaziergang«, wandte er ein.

Spielhansel überlegte. »Bei dem, was ich mit Euch reden will, können wir keine fremden Ohren gebrauchen.«

»Sind wir nicht hier im Haus sicher?«, fragte Mias.

»Ihr schon – ich nicht«, antwortete der alte Mann trocken und blickte schnell um sich, wie wenn er sich überzeugen wollte, dass niemand weiter in der Nähe war, »nun, wie wäre es dann hinter dem äußeren Frauentor? Wir suchen uns einen stillen Platz am Blobach. Das ist nicht so weit zu laufen.«

Mias musterte den Mann. Konnte er ihm trauen? Spielhansel bemerkte sein Zaudern.

»Auch Thomas Müntzer hat mir sein Vertrauen geschenkt«, raunte er leise.

Wieder blickte ihm Spielhansel tief in die Augen. Mias hielt dem Blick stand, versuchte, sich keine äußerliche Regung anmerken zu lassen.

»Gut, dann machen wir es so. Komme ich nicht, hat sich meine Krankheit verschlechtert.«

Wenn er wissen wollte, warum Thomas Müntzer diesem Spielmann vertraut hatte, musste er auf den Vorschlag eingehen.

Spielhansel nickte langsam, wandte sich um und trat durch das offene Haustor auf die Gasse. Klack, klack, klack – Mias hörte das Geräusch der Krücke auf den Pflastersteinen immer leiser werden. Dann schloss er das Tor und zog sich mit dem Brief in seine Kammer zurück.

»So, so – der Spielhansel will dich sprechen.« Henrich strich nachdenklich seinen grauen Bart. Sollte er seinem jungen Freund offenbaren, wer Spielhansel wirklich war?

»Glaubst du, es ist gefährlich für mich? Hat Thomas Müntzer ihm wirklich vertraut?«

»Dass Spielhansel dir etwas Böses antut, glaube ich nicht. Was Müntzer betrifft, hat er die Wahrheit gesprochen.«

»Was weißt du über ihn, Henrich? Er ist doch nicht immer ein einfacher Spielmann gewesen, oder?«

»Nein, Mias, das war er nicht. Aber seine Geschichte soll er dir selber offenbaren, wenn er es so will. Ich würde ihm dein Geheimnis ja auch nicht verraten.«

Henrich überlegte weiter. »Allerdings will er dich vielleicht in etwas hineinziehen, das wirklich gefährlich ist. Sei vorsichtig, mein Sohn.«

»Also soll ich mich lieber nicht mit ihm treffen?«

»Doch, tue das. Aber lass dich darüber hinaus nicht mit ihm ein.«

Mias holte das Schreiben von Andreas Kuntze aus dem Ärmel.

»Übrigens: Andreas hat mich nach Dessau eingeladen. Ich habe mir überlegt, seine Einladung anzunehmen. Dann kann ich ihm persönlich beichten, was mit Gideons Schwert geschehen ist. Dessau ist nur zwei Tagesreisen von Wittenberg entfernt. Zu gerne würde ich dem Doktor Luther einmal selbst ins Gesicht sehen. Danach kehre ich auf schnellstem Wege nach Regensburg heim.«

Henrich warf den Kopf zurück und brach in lautes Lachen aus.

»Das wird ja immer besser, potzblitz! Verzeih, Mias, das ist schon ein komischer Gedanke: Du und der alte Luther Auge in Auge – wenn ich mir das vorstelle …« Henrich wischte sich den Augenwinkel mit dem Hemdsärmel, schüttelte den Kopf und lachte weiter. Auch Mias ließ sich von der Heiterkeit seines zukünftigen Schwiegervaters anstecken. Wirklich, das war eine lustige Vorstellung. Der alte Luther würde ja nicht wissen, dass er den Sohn eines seiner größten Gegenspieler vor sich hatte.

Henrich fasste sich wieder. »Du hegst doch keine Rachegedanken mehr wegen deines Vaters, Mias?«

Meinte Henrich etwa, ob Mias Luther zur Rede stellen wollte, weil dieser Thomas Müntzer so übel beschimpft und sein Eintreten für die Rechte des einfachen Volkes vehement bekämpft hatte? Es war an der Zeit, Henrich von seinem Entschluss zu erzählen. Die Ruhe im Bett hatte Mias viel Zeit zum Nachsinnen gelassen.

»Henrich, ich habe nachgedacht in den letzten Tagen. Über das, was ich hier in Mühlhausen erlebt habe; über das, was du mir über die alten Zeiten erzählt hast. Meine Eltern heißen Peter und Agnes Kerner. Ich bin Matthias Kerner aus Regensburg. Jeremias Müntzer gibt es nicht mehr. Es hat ihn nur wenig mehr als ein Jahr gegeben. Verstehst du, was ich meine?«

Rothmanns Blick ruhte lange wohlwollend auf seinem zukünftigen Schwiegersohn.

»Den Luther würde ich aber trotzdem gerne einmal sehen, wenn ich die Gelegenheit dazu bekomme«, fügte Mias an.

Später am Tag schrieb er seinen Eltern nochmals einen Brief. Mias erzählte ihnen von dem Umweg über Dessau und Wittenberg, um Luther zu begegnen. Danach würde er schnellstens nach Hause kommen. Von seinen Erkenntnissen in der Angelegenheit Thomas Müntzer schrieb Mias kein Wort. Darüber würde er mit Vater und Mutter im stillen Kämmerlein reden.

Zur gleichen Zeit räumte Caspar gerade neu eingetroffene Gewürzsäcke in seinem Lager auf. Es war schon spät am Nachmittag. Nur noch ein schmaler goldener Lichtstreifen schien durch die geöffnete Tür in den Raum.

»Gott zum Gruß«, erscholl es plötzlich hinter ihm. Der Bote. Caspar fuhr zornig herum.

»Du wagst es, dich hier blicken zu lassen?«

»Wolltet Ihr mir nicht ein Almosen für den Winter geben?«, fragte der Bote zurück.

»Nach allem was geschehen ist, traust du dich, danach zu fragen?« Der Gewürzhändler machte einige schnelle Schritte auf den Boten zu.

»Ich habe Euren Auftrag ausgeführt. Für das, was im Wallgraben geschehen oder nicht geschehen ist, kann ich nichts.«

»Wie konntest du mich glauben lassen, der Regensburger hätte einen Mord begangen!«, zischte Caspar zornig. Speicheltropfen spritzten in das Gesicht des Boten, doch dieser wich nicht zurück.

»Ich habe Euch berichtet, was ich gesehen habe. Nicht mehr und nicht weniger. Was man nicht gesehen hat, kann man nicht berichten. Das seht Ihr wohl ein, oder?«

Caspar war außer sich vor Zorn. Er würde diesem frechen schwarzen Läufer aus seinem Schachspiel jetzt das Genick brechen. Jetzt gleich.

Blitzschnell riss er dem Boten die Krücke aus der Hand, zerbrach sie mit einem wuchtigen Schlag auf seinen Oberschenkel und schleuderte die Stücke hinter sich. Dann wollte er den alten Mann an den Armen greifen, doch dieser wich ihm geschickt aus.

»Seht Euch vor, Meister Künemund, noch vieles mehr ist anders, als ihr glaubt.«

Aus dem Dunkel traten zwei dunkle Gestalten neben den Boten. Caspar erschrak und stolperte zurück. Was waren das für Männer? Wie konnten sie unbemerkt hier hereinkommen? Er konnte nur ihre Umrisse, aber nicht die Gesichter erkennen.

»Warte, Spielhansel, ich gebe dir den versprochenen Lohn.« Caspar hob beschwichtigend die Hände.

Der Bote spuckte aus. »Behalt dein Geld, Künemund.« Die Gestalten kamen näher.

»Aber, aber … was wollt ihr dann von mir?« In Caspar stieg Furcht auf. Er ging langsam rückwärts, bis er eine kalte Wand im Rücken spürte.

Die drei Männer traten auf wenige Ellen heran und umstellten den Gewürzhändler.

Der Bote zog etwas aus seinem Umhang. »Sollen wir das Säcklein Beeren auf einmal in ihn hineinstopfen und achten, dass alles drin bleibt – auch die Samen?«, fragte er seine Begleiter und lachte meckernd.

»Hast du wirklich gedacht, du könntest mich vergiften, du fetter Wanst?«, fuhr er Caspar an. »Ja, sie helfen gegen die Schmerzen, aber nur, wenn man den Samen ausspuckt und selten davon isst.«

»Gnade«, flehte Caspar, »das wusste ich nicht. Diese Beeren hat mir ein anderer Händler verkauft – er hat mich nicht vor dem Gift gewarnt.«

»Du lügst«, antwortete Spielhansel trocken, »ich hätte große Lust, dir jetzt gleich das Licht auszulöschen.« Caspar spürte, wie ein spitzer Gegenstand gegen seine Rippen bohrte, das Wams aufschnitt und die Haut ritzte. Der Mann links vor ihm hatte eine Waffe in der Hand, wie Caspar sie noch nie gesehen hatte. Im düsteren Zwielicht erkannte er einen gebogenen Gegenstand. Größer als ein Dolch, kleiner als ein Schwert.

»Gnade«, winselte Caspar, »lasst mich leben. Ich will tun, was immer ihr wollt.« Das meinte der Gewürzhändler ernst. Er konnte kaum atmen vor Angst.

Spielhansel lachte wieder. »So höre genau zu, Caspar Künemund. Lebe in Zukunft dein eigenes Leben, kümmere dich nur um deine Angelegenheiten und lass unschuldige Menschen in Frieden. Am besten, du verschwindest aus Mühlhausen. Hältst du dich nicht daran, werden wir wiederkommen und dich das Säcklein Beeren fressen lassen. Wir sind viele und wir sind überall. Merk dir das!«

Zur Bekräftigung drückte der Mann die Waffe noch einmal gegen Caspars Rippen und verletzte diesmal mehr als nur die Haut. Caspar schwanden vor Angst die Sinne, Blut tropfte aus der Wunde, seine Blase entleerte sich. Er rutschte an der Mauer entlang ohnmächtig auf den Boden.

Die drei Eindringlinge gingen schnellen Schritts zur Tür. Bevor sie auf die Straße traten, hielten sie inne, legten ihre rechten Hände aufeinander und sagten leise wie aus einem Mund: »Verbum domini manet in aeternum«.[2] Dann gingen sie einer nach dem anderen nach draußen und verschwanden hurtig in verschiedene Richtungen. Spielhansel ging als Letzter. Nach ein paar Schritten fing er an zu humpeln. Als der Weg in die Breite Gasse einmündete, jammerte er laut. »Meine Krücke, ein feiger Hund hat meine Krücke gestohlen. Ich armer Mensch, habt Mitleid. Ein Almosen für eine neue Krücke, habt Mitleid.«

Die Oktobersonne tauchte die Welt in ein milchiges Licht. In der Luft mischte sich der Geruch von verbranntem Laub mit dem frisch gebackenen Brotes. Mias schritt langsam durch das äußere Frauentor. Er wurde an die Seite des Weges gedrängt, denn heute war Markttag, eine große Menge Bauersleute mit

---

2 Das Wort Gottes bleibt in Ewigkeit.

ihren Karren kam ihm entgegen. Kohlköpfe, Äpfel, Birnen, Käfige mit Hühnern – alles wurde in die Stadt gefahren, um schließlich in den Töpfen der Bürger zu enden.

Mias ging noch ein Stück des Weges entlang, blieb dann stehen und sah sich um. Er konnte nirgends einen Mann mit Krücke entdecken.

»So seid ihr doch gekommen«, erklang eine Stimme hinter ihm. Mias wandte sich erschrocken um. Der Bettler war in einen armseligen löcherigen Umhang gehüllt, die Kapuze tief in die Stirn gezogen. Nur die Stimme verriet Spielhansel.

»Kommt, lasst uns weitergehen, damit niemand Verdacht schöpft.« Der Bettler machte sich munteren Schritts auf den Weg.

»Wo ist Eure Krücke?«, fragte Mias verwundert.

»Die hat mir ein frecher Dieb gestohlen«, lachte sein Begleiter, »also muss es heute ohne das Ding gehen.«

Nach einigen Minuten bogen sie auf einen kleinen Pfad ab, der in den Wald führte, durch den der Blobach floss. Im Sommer sammelten die Mühlhausener hier Blaubeeren oder Pilze. Heute waren sie die einzigen Menschen auf dem Weg. Am Bachufer zwischen großen Blättern des Huflattichs, der hier überall wuchs, lag eine große umgestürzte Buche.

»Dort können wir ungestört reden«, meinte Spielhansel.

Die Männer setzten sich nebeneinander auf den Stamm. So hatten sie den plätschernden Bach mit dem weglosen gegenüberliegenden Ufer im Rücken und den Pfad vor sich gut im Blick.

Spielhansel räusperte sich. »Vermisst Ihr nicht etwas, das Euch gehört?«

»Was meint Ihr?«, fragte Mias zurück.

»Ihr habt es vor kurzem in Rothmanns Garten verloren.«

Mias erstarrte und hielt den Atem an. Was wusste Spielhansel darüber?

»Das war nicht mein Eigentum«, entgegnete er schließlich schroff. »Wisst Ihr, wo das Ding geblieben ist? Ich würde es gerne seinem Besitzer zurückgeben.«

»Ihr seid der rechtmäßige Erbe. Andreas hatte es nur versteckt.«

»Wie kommt Ihr darauf?« Mias versuchte, seine Stimme bass erstaunt klingen zu lassen.

»Ich habe gehört, bei welchem Namen Henrich Euch im Wallgraben nannte. Da wusste ich endlich, an wen mich Euer Gesicht bei unserer ersten Begegnung erinnert hat. An einen lieben Bruder aus fernen Tagen.«

Spielhansel hatte sie also im Wallgraben beobachtet. Dann steckte er mit Caspar Künemund unter einer Decke? Mias war alarmiert. Wenn er plötzlich aufsprang und losrannte, müsste er es bis auf die Straße schaffen. Dort waren Menschen, dort war er in Sicherheit. Der alte Mann konnte nicht so schnell laufen wie er – oder etwa doch?

»Habt keine Angst, ich will Euch nichts Böses. Ich habe Andreas gewarnt, damit er aus der Stadt flieht, bevor Künemunds Falle zuschnappt. Wir Getreuen lassen einander nicht im Stich.«

»Dann seid Ihr auch einer von diesen Getreuen? Wie gut kanntet Ihr Thomas Müntzer?« Mias blieb fluchtbereit.

»Wie gut ich ihn kannte? Nun, wie einen Bruder. Ich führte das rote Fähnlein im Frankenhausener Bauernheer. Müntzers Sache war meine Sache und ist es heute immer noch.«

»Wie ist Euer wahrer Name, Spielhansel?«

Der alte Mann lachte leise. »So wie Ihr nicht mehr Jeremias Müntzer heißen wollt, nenne ich mich nicht mehr Jost Winter. Behaltet es für Euch, sonst machen sie mich doch noch einen Kopf kürzer, bevor ich von alleine sterbe.«

»Was genau begehrt Ihr von mir, Jost Winter?«

»Wollt Ihr nicht unserem Ewigen Bund beitreten und uns anführen, wenn die Zeit der Rache endlich gekommen ist? Wir sind immer noch viele und wir warten getreulich auf den Tag des Zorns.«

Spielhansel stand auf, stellte sich Mias gegenüber und legte ihm freundschaftlich die Hand auf die Schulter.

»Ich bin alt. Ihr seid jung und voller Kraft. Ihr könntet das Werk Eures Vaters vollenden.«

In das Plätschern des Blobaches mischte sich der weit entfernte Schrei eines Raubvogels. Spielhansel sah Mias erwartungsvoll an.

»Sagte Thomas Müntzer nicht immer, es sei das Werk Gottes, das er tue – und nicht seins? Ich weiß genau, dass Gott mich nicht dazu berufen hat, Euer Anführer zu sein«, entgegnete Mias nach einer Weile mit fester Stimme.

Der Getreue setzte sich wieder neben Mias auf den Baumstamm.

»Seid Ihr Euch da ganz sicher?« Mias hörte tiefe Enttäuschung in der Stimme des alten Mannes.

»Ja, ganz sicher. Und ich will auch dieses Schwert nie wieder in meine Hand nehmen. Es ist verflucht. Beinahe hätte ich damit einen Unschuldigen getötet.«

»So wird wohl ein anderer kommen müssen, um den einfachen Leuten zu ihrem gottgegebenen Recht zu verhelfen. Einmal muss doch jemand aufstehen für unsere Sache!« Spielhansel hieb verzweifelt mit der Faust auf seinen Oberschenkel.

Mias gab ihm keine Antwort. Er wusste auch gar nicht, was er dazu sagen sollte. Sicher, wie die Obrigkeit oft mit den einfachen Leuten umsprang, gefiel auch ihm nicht. Aber deswegen die ganze Welt auf den Kopf stellen? Und – vor allem – Menschen töten? Nein, daran wollte er keinen Anteil haben.

»Lasst uns zurückgehen«, bat Mias, »es geht auf Mittag zu. Dorothea wird mich schon vermissen.«

Langsam gingen sie nebeneinander zurück. Auf der Straße, ein ganzes Stück vor dem äußeren Tor, blieb Spielhansel stehen.

»So lebt wohl, Jeremias Müntzer, unsere Wege trennen sich hier. Ich bitte Euch, sprecht mit niemandem über unseren Spaziergang. Gebt mir Euer Ehrenwort.« Er hielt Mias seine rechte Hand hin.

Mias schlug ein. »Kein Wort darüber, das verspreche ich Euch. Und das Schwert Gideons könnt Ihr in Eurer Obhut behalten. Vielleicht kommt in ferneren Zeiten wirklich einer, der damit kämpfen soll.«

Spielhansel lachte leise. »Das gebe Gott. Und falls Ihr es Euch doch noch anders überlegt, fragt in den Schänken Mühlhausens nach mir.« Der alte Getreue drückte zum Abschied ein letztes Mal fest Mias Hand.

Mias nickte und wandte sich Richtung Stadt. Als er sich vor dem Tor umdrehte und die Straße hinunterblickte, war der Bettler verschwunden.

Nein, Mias wollte es sich nicht noch einmal überlegen. Jeremias Müntzer, den Erben von Gideons Schwert, gab es nicht mehr.

Epilog

An die Momente des Abschieds von Spielhansel und Andreas Kuntze erinnerte sich Mias sein Leben lang immer wieder. Jahre später, als er mit Dorothea in der Wohnstube saß und den beiden Kindern beim Spielen zusah, kam ihm die Sache der Getreuen in den Sinn. Krieg hatte es wieder gegeben, ein dummes unsinniges Hin und Her zwischen den machthungrigen Fürsten, dessen Sinn und Zweck den einfachen Leuten verborgen blieb. Nein, bisher war niemand aufgestanden, um das Schwert Gideons zu nehmen und endgültig Frieden und Gerechtigkeit zu schaffen. Vielleicht war das doch zuletzt Gottes ganz eigene Sache. Die Menschen schien man dafür nicht brauchen zu können.

Henrich Rothmann zog den Pelzkragen fester um den Hals. In Erfurt wehte ein schneidender Ostwind über den Friedhof der Barfüßerkirche. Die Blutbuche hatte alles Laub abgeworfen. Er war allein.

Der Mann blickte zur Mauer, schätzte die Entfernung und maß die Mitte ab. Dort war ein kleiner Hügel im vertrockneten Gras. Hier ungefähr musste es sein. Hier war er ihr ganz nahe.

»Ottilie, mein Herz«, flüsterte er leise, »endlich bin ich gekommen. Nach all diesen Jahren bin ich gekommen. Vergib mir. Bitte vergib mir.« Und dann dachte er an das Kind. Sein kleines Mädchen, das nicht hatte leben dürfen. Wie wenn der Regen nach einer langen Dürre endlich Tropfen für Tropfen langsam den trockenen Boden netzt, dann immer schneller, bis das Nass in einem Schleier vom Himmel fällt, so wurden auch Henrichs Augen erst feucht, dann löste sich langsam eine Träne aus dem Augenwinkel und bahnte eine nasse Spur auf seiner Wange. Die zweite folgte schneller, schließlich schlug er die Hände vor das Gesicht und weinte bitterlich.

Als die Tränen versiegt waren, blieb Henrich noch eine ganze Weile stehen. Er spürte Ottilies zärtliche Hand auf seiner Seele. »Gott hat dir vergeben. Ich habe dir vergeben. Nun vergib dir auch endlich selbst«, hörte er sie sagen.

Katharina Luther rieb mit kräftigen Bewegungen die erwärmte Salbe auf den Rücken ihres Gemahls. Das kalte, feuchte Herbstwetter machte seinen kranken Knochen zu schaffen. Vielleicht war es gestern auch zu spät geworden. Martin hatte wieder stundenlang mit ehemaligen Studenten getafelt. Früher hatte er das oft getan. In der letzten Zeit waren solche Zusammenkünfte selten geworden. Sie gingen über Martins Kräfte. Aber gestern war es fast wie damals gewesen. Mit kräftiger Stimme hatte Martin zuerst disputiert, gescherzt, gelacht, war dann aber immer stiller und nachdenklicher geworden, bis sich seine Gäste schließlich verabschiedeten.

Heute steckte er schon seit dem Erwachen in nachdenklichem, grimmigen Schweigen fest. Bis jetzt.

»Käthchen, nun ist mir eingefallen, wo ich schon einmal solche blauen Augen gesehen habe.« Martin spielte auf den jungen, stillen Regensburger an, der ihm gegenüber am Tisch gesessen hatte.

»Es waren nicht nur die Augen, über die ich mich verwundert habe, nein, der Junge ist dem Thomas Müntzer wie aus dem Gesicht geschnitten.«

»Müntzer«, meinte Käthe zögernd, »ist nicht seine ganze Familie tot?«

»Ja, Käthe, mich plagen nur wieder die Gespenster aus der Vergangenheit.«

Im Raum war es still. Man hörte lediglich das reibende Geräusch von Katharinas Händen auf dem Rücken ihres Mannes.

»Glaubst du, dass noch einmal einer wie der Müntzer kommt, der das einfache Volk gegen die Herren aufwiegelt?«, fragte die Lutherin schließlich.

»Es ist nur eine Frage der Zeit, bis wieder einer gegen die Obrigkeit aufstehen wird. Gebe Gott, dass wir beide das nicht mehr erleben müssen«, seufzte ihr Mann und setzte sich schwerfällig auf.

»Weißt du, Käthchen, was mir ein tröstlicher Spruch ist, den man an alle Wände schreiben sollte? So sagt schon Jesaja: *Das Wort des Herrn allein wird für immer bleiben; was über und außer des Wortes Gottes ist; das wird wie eine Blume auf dem Felde vergehen.*«

Jost Winter, genannt Spielhansel, saß in der Spätherbstsonne am Reißenden Berg bei Mühlhausen auf einem Stein, dort wo der Pfad zu Müntzers Richtstätte endete.

Spielhansel hielt seine Nase in den kalten Wind und schnupperte. Er konnte es riechen. Nicht mehr lange, dann würde es wieder Krieg geben. Der katholische Kaiser und die evangelischen Fürsten des Schmalkaldischen Bundes scharrten schon ungeduldig mit den Hufen. Den Bauern würde wieder die Rolle zugedacht, die sie – bis auf eine Ausnahme – schon immer gespielt hatten: als Söldner und Schlachtvieh für den Feind.

Der Blick des alten Mannes verlor sich am Horizont. In diesem Krieg würde er nicht mehr als Hauptmann dienen. Wem auch?

»Nicht mehr lang, Bruder Thomas, dann sehen wir uns wieder«, sagte er leise und klopfte auf den Stein.

Ächzend erhob er sich eine Weile später, zog seinen Umhang enger um die Schultern.

»Verbum domini manet in aeternum!«

Der Wind trug Spielhansels lauten Ruf über die Thüringische Ebene.

Historischer Anhang

Ist's die Wahrheit oder eine Mär?

Diese Frage haben Sie sich während des Lesens vielleicht öfter gestellt. Deshalb möchte ich Ihnen hier in aller Kürze einen Überblick über die historisch gesicherten Tatsachen geben, auf denen mein Roman aufgebaut ist, und den Schleier darüber lüften, wo ich meiner Fantasie freien Lauf gelassen habe.

Zu den historischen Tatsachen gehört der Bauernkrieg von 1524/25.

Zu Ende des 15. Jahrhunderts verschlechterte sich die soziale Lage der Bauern im süddeutschen Raum dramatisch. Neben dem »Zehnten«, den Abgaben auf ihre erwirtschafteten Einkünfte, hatte die Landbevölkerung immer mehr Steuern, Zinsen und Zölle zu zahlen und wurde von ihren Grundherren oft in zusätzliche Frondienste gezwungen.

Häufige Missernten und das in Süddeutschland weithin praktizierte Erbrecht der Realteilung führte dazu, dass die immer kleiner werdenden Höfe nicht mehr wirtschaftlich zu führen waren und ehemals freie Bauern in Hörigkeit und Leibeigenschaft gerieten. Klerus und Hochadel hatten kein Interesse daran, die Lage der Bauern zu bessern, denn das hätte ja einen Verlust eigener Privilegien zur Folge gehabt. Der niedere Adel kämpfte im Grunde mit den gleichen wirtschaftlichen Problemen wie die Bauern. Die Folge war Verarmung, Raubrittertum und sogar eigene regionale Ritteraufstände gegen Klerus und Hochadel.

Dazu kam, dass die Grundherrn das sogenannte »alte Recht«, eine mündlich überlieferte Rechtsordnung, die das Leben der einfachen Leute regelte und schützte, immer häufiger willkürlich interpretierten oder gar ganz ignorierten. Seit Jahrhunderten bestehende Weide-, Holzschlag, Jagd- und Fischereirechte (Allmenden), die den unteren Bevölkerungsschichten das Überleben sicherten, wurden beschnitten oder ganz abgeschafft. Diese Entwicklung führte schließlich zu einzelnen territorial begrenzten Aufständen und der Formulierung der »Zwölf Artikel« in Memmingen. Die Landbevölkerung wünschte sich darin die Reduzierung der wirtschaftlichen Abgaben, Wiedereinführung von abgeschafften Allmenderechten und Beachtung der alten überlieferten Gerichtsordnung. Außerdem forderten sie, ihre Pfarrer frei wählen zu können. Im letzten Artikel erklärten die Bauern die Bereitschaft, auf alle Forderungen gegenüber der Obrigkeit zu verzichten, die nicht dem Worte Gottes gemäß seien.

Hochadel und Klerus waren nicht bereit, auf die Forderungen der Bauern und ihrer Verbündeten aus niederem Adel, Handwerk, Bergknappen und Bürgertum einzugehen, sondern entschieden sich, die Unruhen militärisch niederzuschlagen. Somit eskalierte die Gewalt. Einzelne Bauernhaufen zogen plündernd und mordend durch die Lande. Ihre Ziele waren Klöster, Burgen und Städte. Wo diese »Haufen« jedoch auf organisierten militärisch ausgebildeten Widerstand durch die Obrigkeit trafen, wurden sie relativ schnell besiegt.

Die Schlacht bei Frankenhausen in Thüringen im Mai 1525 war eines der Schlüsselereignisse während des Bauernkrieges. Die aufständischen Thüringer Bauern wurden vernichtend geschlagen, ihr Anführer Thomas Müntzer gefangen genommen, gefoltert und enthauptet. Wenige Monate später waren fast alle Gefechte und Strafaktionen im süd- und mitteldeutschen Raum abgeschlossen und die Bauernhaufen besiegt.

Einzelne Bauernbünde bestanden im Geheimen noch eine Weile. Manche der geächteten Bauern, die Schlacht und Strafgericht überlebt hatten, hausten als Räuberbanden in den Wäldern weiter, aber in den folgenden 300 Jahren gab es kein vergleichbares Aufbegehren der Landbevölkerung gegen die Obrigkeit mehr.

Die Bauernaufstände sind nicht als organisierter deutschlandweiter Krieg zu verstehen, sondern waren einzelne territorial begrenzte Aktionen. Trotzdem wurde schon von Zeitgenossen das Wort »Bauernkrieg« verwendet. Mitte des 20. Jahrhunderts setzte sich unter den deutschen Historikern eine treffende Bezeichnung für die Ereignisse durch: »Die Revolution des gemeinen Mannes«.

Die Reformation und die Revolution des gemeinen Mannes

Auch das, was wir heute unter dem Begriff »Reformation« zusammenfassen, ist eine gesicherte Tatsache, die man aber nicht nur auf Martin Luther beziehen sollte.

Es gab schon lange vor Luther andere Reformatoren wie John Wycliff und Jan Hus, auf deren theologischer Vorleistung schließlich der Durchbruch einer kirchlichen Reformation erreicht wurde.

Und zu Luthers Zeiten war es nicht einfach so, dass sich die Kirche nur in eine »katholische = papsttreue« und eine »evangelische = Luthers Lehren treue« aufspaltete.

Es gab damals weitere Reformatoren, die heute nicht mehr so bekannt sind. Innerhalb des Protestantismus entstanden neben der lutherischen und der reformierten (Zwingli, Calvin)

Richtung auch andere christliche Gruppen wie zum Beispiel die Täuferbewegung, in der sich schließlich jene durchsetzten, die (wie die sogenannten »Schweizer Brüder« und Menno Simons) alle Gewalt grundsätzlich ablehnten.

Die aufständischen Bauern wussten Gott an ihrer Seite. Gottes Wort in der Bibel verurteilt an vielen Stellen die Unterdrückung der Bevölkerung durch die Mächtigen. Jesus sagt: »Liebe deinen Nächsten wie dich selbst«. Die Obrigkeit ist von Gott eingesetzt, aber nicht, um die Untertanen aus Geldgier auszupressen, sondern um sie treu und verantwortlich nach Gottes Geboten zu regieren. Daran hielten sich damals offensichtlich weder Klerus noch Adel.

Luther hatte die Worte der Bibel und die persönliche Verantwortlichkeit direkt Gott gegenüber ganz neu und deutlich herausgestellt. Seine 1520 verfasste Schrift »Von der Freiheit eines Christenmenschen« bekräftigte die Bauern in ihren Forderungen. Luther hatte das Wort »Freiheit« jedoch in theologischem Zusammenhang verwendet und nicht auf die weltliche Situation bezogen. Der Wittenberger Reformator stellte sich klar auf die Seite der Obrigkeit, was in seiner Schrift »Wider die räuberischen und mörderischen Rotten der andern Bauern« seinen Höhepunkt fand.

Thomas Müntzer – anfangs ein Anhänger Luthers – sah das anders. Nach seiner Auffassung war das Wort der Bibel zwar wichtig, aber noch wichtiger war das, was der Heilige Geist dem Gläubigen in seinem Herzen sagt. Der Gläubige wird für das Reden des Heiligen Geistes empfänglich, wenn er sich auf den Weg macht, Christus in allem nachzufolgen und gleich zu werden. Damit ist ein Leidensweg verbunden, den auch Jesus gehen musste. Diesen Prozess nennt Müntzer »Entgröberung«. Er hatte sich intensiv mit den Gedanken der Mystiker wie Johannes Tauler beschäftigt, war bewandert in allen philosophischen Schulen, ja sogar im Islam. Müntzer war zutiefst überzeugt, dass das Ende der Welt bevorstünde und Gott sein Reich auf Erden errichten wolle. Er fühlte sich vom Heiligen Geist berufen, die Obrigkeit zu warnen und zu einer gottgefälligen Regierungsweise aufzufordern. Wo die Obrigkeit seinem Aufruf – also eigentlich Gottes Aufruf – nicht folgte, war sie zu bekämpfen – wie Unkraut aus dem Acker zu reißen. Die biblische Begründung fand er vor allem bei den Propheten des Alten Testamentes. Die Aufstände der Bauern deutete Müntzer als ebenfalls von Gott zu diesem Zweck gewirkt. So kam es, dass er sich von Mühlhausen aus an die Spitze der Thüringer Aufstände setzte.

Der Mensch Thomas Müntzer

Sich heute der Person Thomas Müntzers zu nähern – und ihm möglichst gerecht zu werden –, ist gar nicht so einfach. Die Meinungen über ihn gingen schon zu seinen Lebzeiten weit auseinander. Für die einen war er ein »Schwarmgeist«, der »Satan von Allstedt« (Luther), andere sahen in ihm ihren von Gott gesandten Anführer gegen die ungerechte Obrigkeit.

Immer wieder wurde Müntzer im Laufe der Geschichte vor verschiedene Karren gespannt: Ernst Bloch und Friedrich Engels erkannten in ihm den Anführer einer frühen sozialistischen Revolution – und verschwiegen dabei seinen Hintergrund als gläubiger Mensch und Theologe.

Andere wiederum stellten Müntzers radikalreformatorische Befreiungstheologie lobend in den Vordergrund – und vergaßen das viele Unrecht und Blutvergießen, zu dem er zweifellos aufgefordert hat.

In der DDR war Thomas Müntzer beliebt. Sein Konterfei zierte den Fünfmarkschein, viele Schulen, Straßen, Plätze waren nach ihm benannt. Mühlhausen nannte sich »Thomas-Müntzer-Stadt«. Nach der Wende legte man diesen Titel schnell ab. Wenigstens Müntzers Denkmal hat man stehen lassen …

In der BRD kannte die Lebensgeschichte Müntzers nur, wer sich ausführlicher mit den Bauernkriegen befasst hatte. Und das waren die Wenigsten.

Ich habe viele Bücher gelesen, die von anderen über Thomas Müntzer geschrieben wurden. Aber besonders wichtig war mir, was er selbst über sich, Gott und die Welt sagte. Glücklicherweise sind etliche Briefe und theologische Schriften erhalten. Beim Lesen lernte ich vor allem seine mystisch-theologische und sozialkritische Denkweise kennen. Darüber, wie er Ehe und Familie lebte, kann ich nur spekulieren. Der Name seines Sohnes ist jedenfalls nicht überliefert, nur sein ungefähres Geburtsdatum im März 1524. Ich habe ihn »Jeremias« genannt, weil mir das ganz passend erschien. Den Propheten Jeremia aus der Bibel zitierte Müntzer jedenfalls gerne.

Auch Ottilie Müntzers Spuren kommen aus dem Dunkel der Geschichte und verschwinden wieder darin. Sie war aus niederem Adel, eine geborene »von Gersen«. Wo dieses Geschlecht allerdings beheimatet war, lässt sich nicht mehr zweifelsfrei nachweisen. Ging Ottilie freiwillig ins Kloster? Warum flüchtete sie später und wie sahen die Umstände ihrer Flucht nach Allstedt aus? Kannte sie Thomas Müntzer schon vorher? Hier können wir nur Vermutungen anstellen. Gesichert ist, dass Thomas und Ottilie Müntzer kurz nach Ostern 1523 in Allstedt getraut wurden. Etwa ein Jahr später wurde ihr Sohn geboren. Ottilie war mit dem zweiten Kind schwanger, als ihr Ehemann hingerichtet wurde. Auch die Vergewaltigung durch den Landsknecht ist überliefert und dass die Witwe im Sommer 1525 Mühlhausen gegen den Willen der Siegerfürsten verlassen hat. Es gibt ein letztes Schreiben, datiert auf den 19.8.1525, in dem sie Herzog Georg von Sachsen um die Herausgabe ihres Erbes bittet. Danach verlieren sich die Spuren von Ottilie und ihren Kindern.

Haben sich Ottilie und Thomas geliebt? Auch das lässt sich nicht beantworten. Man muss bedenken, dass man in der damaligen Zeit nicht unbedingt aus romantischer Liebe heiratete. Die Ehe war oftmals ein Zweckbündnis zum Überleben.

Müntzer schreibt jedenfalls einmal über den ehelichen Beischlaf, dass dieser von Gott nur zur Zeugung eines Kindes als frommer Akt erlaubt sei. Ob er in dieser Hinsicht seine Meinung nach der Eheschließung geändert hat, ist nicht überliefert. Wenn man jedoch sieht, was er in den zwei Jahren während seiner Ehe in der Öffentlichkeit geleistet hat und welche weiten Strecken er bei Reisen zurücklegte, dann ist klar, dass seine Familie nicht die Hauptrolle in seinem Leben spielte, sondern er alle Kraft auf »die Sache Gottes«, letztlich den Bauernaufstand, richtete.

Lieder aus dem Bauernkrieg sind kaum erhalten. Meist wird das Lied »Wir sind des Geyers schwarzer Haufen« in diesem Zusammenhang genannt. Dieses Lied entstand jedoch erst um 1920, es hat nur Florian Geyer, den Führer des Schwarzen Haufens aus dem Bauernkrieg, zum Thema.

Spielhansels erstes Lied über die Mühlhausener ist ein echtes Lied aus dieser Zeit, aufgezeichnet um 1900 von Freiherr von Liliencron, dem ersten deutschen Volksliedforscher. Die Originalquelle findet sich im Ernestinischen Gesamtarchiv zu Weimar. Das zweite Lied über den Verräter Thomas Müntzers entsprang meiner Dichtung.

Sie sehen schon: die Recherche für einen historischen Roman entpuppt sich schnell als Fass ohne Boden …

Die Schauplätze

Wer sich auf die Reise nach Mühlhausen und Erfurt macht, kann viele schöne und interessante Entdeckungen machen.

Mühlhausen in Thüringen ist eine historische Stadt mit fast komplett erhaltener Stadtmauer. Das Frauentor gibt es noch, ebenso die meisten genannten Kirchen. Auch das Pfarrhaus Müntzers gegenüber der Marienkirche steht noch. Der »Reißende Berg« – Müntzers Hinrichtungsstätte – ist inzwischen in die Stadtbebauung integriert. Heute befindet sich dort der Stadtpark am »Rieseninger Berg«.

Sehenswert und informativ sind die Ausstellungen zum Bauernaufstand in den verschiedenen Mühlhausener Museen und Kirchen.

Eine Replik vom Schwerte Gideons mit der dazugehörenden Legende kann man heute in der Marienkirche bewundern.

Der Spruch »Verbum domini manet in aeternum« (das Wort Gottes bleibt in Ewigkeit) war zusammen mit einem Regenbogen auf der Fahne des »Ewigen Bundes« abgebildet, mit der Müntzer und seine Anhänger in die Schlacht nach Frankenhausen zogen. Es gibt keine Quellen, die diesen Spruch als »Codewort« zwischen den Anhängern Müntzers beweisen. Das entspringt meiner Fantasie.

Das Gasthaus »Zur weißen Lilie« in Erfurt hat eine lange und wechselvolle Geschichte. Es heißt heute »Wirtshaus Christoffel«. Sie können dort in uriger Atmosphäre mittelalterlich angehauchte Gastlichkeit genießen.

Gegenüber dem Gasthaus befindet sich der historische Waidspeicher. Erfurt war das Zentrum des Waidhandels, bis der Farbstoff Indigo – zuerst aus einer indischen Pflanze, später synthetisch gewonnen – diese einheimische Färberpflanze verdrängte.

Den Friedhof der Barfüßerkirche in Erfurt werden Sie nicht mehr finden. Er wurde schon vor langer Zeit überbaut.

Zu guter Letzt

Wenn man die komplett erhaltenen Reichskammergerichts-Akten des Mühlhausener Prozesses von 1545 liest oder die Mühlhausener Stadtchronik aus dieser Zeit (die allerdings rückwirkend verfasst wurde), dann spürt man dem Ganzen die Verunsicherung ab, in der die einzelnen Menschen damals lebten. Was war nun der »richtige« Glaube? Evangelisch? Katholisch? Oder gar »Täuferisch«? Wie heute auch beschäftigte die Menschen die Frage, was nach dem Tod kommt. Der einzige Unterschied zu heute war, dass man damals die Existenz der Hölle und des Himmels nicht einfach leugnete und lieber im Himmel landen wollte.

Aber wie? Durch gute Werke und Gehorsam gegenüber Kirche und Papst? Oder allein durch den Glauben an die Erlösung durch den Kreuzestod von Jesus Christus, wie Luther erleichtert aus der Bibel bewies? Was gepredigt und tatsächlich gelebt wurde, klaffte oftmals weit auseinander – genau wie heute auch. Dazu kam, dass die Reformationsbewegung für Machtinteressen ausgenutzt wurde. Da ging es dann nicht mehr um den richtigen Weg zu Gott, sondern um die Unabhängigkeit vom katholischen Kaiser oder die evangelische Vorherrschaft im Stadtrat.

Genau wie es auch heute oft nicht mehr um die essentiellen Werte geht, sondern um Geld, Macht und Einfluss, wenn eine Weltanschauung oder Religion als Rechtfertigung für bestimmte Handlungsweisen dienen muss.

Von daher mag diese Erzählung in lang vergangenen Zeiten spielen – ihre eigentliche Essenz ist zeitlos.

Dieses von Thomas Müntzer aus dem Lateinischen übertragene Kirchenlied findet sich bis heute in den Gesangbüchern der katholischen und evangelischen Kirchen.

Text: »Conditor alme siderum«, 10. Jahrhundert
Übertragung: Thomas Müntzer, 1523
Melodie: Kempten, um 1000

Katholisches Gesangbuch Gotteslob Nr. 230
Evangelisches Gesangbuch Nr. 3

Gott heilger Schöpfer aller Stern
erleucht uns, die wir sind so fern,
dass wir erkennen Jesus Christ,
der für uns Mensch geworden ist.

Denn es ging dir zu Herzen sehr,
da wir gefangen waren schwer
und sollten gar des Todes sein;
drum nahm er auf sich Schuld und Pein.

Da sich die Welt zum Abend wandt,
der Bräut'gam Christus ward gesandt.
Aus seiner Mutter Kämmerlein
ging er hervor als klarer Schein.

Gezeigt hat er sein groß Gewalt,
dass es in aller Welt erschallt,
sich beugen müssen alle Knie
im Himmel und auf Erden hie.

Wir bitten dich, o heilger Christ,
der du zukünftig Richter bist,
lehr uns zuvor dein' Willen tun
und an dem Glauben nehmen zu.

Lob, Preis sei, Vater, deiner Kraft
und deinem Sohn, der all Ding schafft,
dem heilgen Tröster auch zugleich
so hier wie dort im Himmelreich.
Amen.

Inhalt

Prolog: Erfurt. Ende September 1525 5

Regensburg. Im Juli 1545 9

Thüringen. Im Sommer 1545 21

Mühlhausen. Sommer 1524 95

Mühlhausen. Im Herbst 1545 107

Epilog 143

Historischer Anhang: Ist's die Wahrheit oder eine Mär? 147

Liedübertragung von Thomas Müntzer 156

NEUFELD VERLAG

Der ***Neufeld Verlag*** *ist ein unabhängiger, inhabergeführter Verlag mit einem ambitionierten Programm. Wir möchten bewegen, inspirieren und unterhalten.*

Stellen Sie sich eine Welt vor,
in der jeder willkommen ist!

Das wär's, oder? Am Ende sehnen wir alle uns danach, willkommen zu sein. Die gute Nachricht: Bei Gott bin ich willkommen. Und zwar so, wie ich bin. Die Bibel ist voll von Geschichten und Bildern darüber, dass Gott uns mit offenen Armen erwartet. Und dass er eine Menge Gutes mit uns im Sinn hat.

Als Verlag möchten wir dazu beitragen, dass Menschen genau das erleben: *Bei Gott bin ich willkommen.*

Für uns hat unser Slogan eine zweite Bedeutung: Wir haben ein Faible für außergewöhnliche Menschen, für Menschen mit Handicap. Denn wir erleben, dass sie unser Leben, unsere Gesellschaft bereichern.

Dennoch ist unsere Welt weit davon entfernt, Menschen mit Behinderung grundsätzlich willkommen zu heißen – vielen wird nicht mal gestattet, überhaupt zur Welt zu kommen.

Und von gelebter Inklusion, dem echten Miteinander von Menschen mit und ohne Handicap in allen Bereichen unseres Alltags, sind wir auch noch ein gutes Stück entfernt.

Deswegen setzen wir uns dafür ein, Menschen mit Behinderung willkommen zu heißen.